Volker Baier

Klassifikation mit Support Vektor Maschinen

GRIN - Verlag für akademische Texte

Der GRIN Verlag mit Sitz in München hat sich seit der Gründung im Jahr 1998 auf die
Veröffentlichung akademischer Texte spezialisiert.

Die Verlagswebseite www.grin.com ist für Studenten, Hochschullehrer und andere Akade-
miker die ideale Plattform, ihre Fachtexte, Studienarbeiten, Abschlussarbeiten oder Disser-
tationen einem breiten Publikum zu präsentieren.

Dokument Nr. V154075 aus dem GRIN Verlagsprogramm

Volker Baier

Klassifikation mit Support Vektor Maschinen

GRIN Verlag

Bibliografische Information der Deutschen Nationalbibliothek: Die Deutsche Bibliothek
verzeichnet diese Publikation in der Deutschen Nationalbibliografie; detaillierte bibliografische Daten sind im Internet über http://dnb.d-nb.de/ abrufbar.

1. Auflage 1998
Copyright © 1998 GRIN Verlag
http://www.grin.com/
Druck und Bindung: Books on Demand GmbH, Norderstedt Germany
ISBN 978-3-640-67427-5

Klassifikation mit
Support Vektor Maschinen

Diplomarbeit an der Universität Ulm
Fakultät für Informatik

vorgelegt von:
Volker Baier

1998

Inhaltsverzeichnis

1 Grundlagen der Musterklassifikation   1

  1.1 Lernen aus Beispielen 2

  1.2 Statistische Modelle der Musterklassifikation 6

    1.2.1 Bayes-Klassifikator 6

    1.2.2 Maximum-Likelihood Klassifikator 7

    1.2.3 Polynomklassifikator 8

  1.3 Neuronale Modelle zur Musterklassifikation 9

    1.3.1 Perzeptron 10

    1.3.2 Multilayer-Perzeptron (MLP) 11

    1.3.3 Learning Vector Quantization (LVQ) 13

    1.3.4 Radiale Basisfunktionen (RBF) 15

2 Support Vektor Maschinen   19

  2.1 Trennhyperebene mit optimalen Rand 19

  2.2 SVM für linear nicht trennbare Klassen 24

  2.3 Definition von Kernfunktionen 26

  2.4 Nichtlineare Support Vektor Maschinen 28

    2.4.1 Betrachtung des Bias 30

3 Quadratische Optimierung   33

  3.1 Dekomposition 34

4 Multiklassen Diskriminierung   37

  4.1 Generierung von Multiklassen Klassifikatoren 37

  4.2 Multiklassen Entscheider 38

5 Ergebnisse und Diskussion   **41**

5.1   Der Zifferndatensatz 41

5.2   Vorverarbeitung 41

     5.2.1   Die z-Transformation 41

     5.2.2   Principal Components Analysis (PCA) 43

5.3   Komplement Klassifikation 45

5.4   Paarweise Klassifikation 46

5.5   Histogramme der Testklassifikationen 49

5.6   LVQ Prototypenoptimierung 56

5.7   Vergleichswerte 56

6 Zusammenfassung und Ausblick   **59**

A Die Implementierung   **61**

A.1   Dateiformate 62

     A.1.1   Eingabedateien 62

     A.1.2   Ausgabedateien 63

A.2   Das Programmpaket 63

Abbildungsverzeichnis

1.1 Schranke des Risikos 4

1.2 Alle möglichen Trennungen dreier Punkte in $\mathbb{R}^2$ 5

1.3 Klassische Perzeptron 10

1.4 Trennhyperebene 11

1.5 Serialisierung von Schwellwertneuronen 12

1.6 Das XOR Problem 14

1.7 RBF-Netzwerk 15

2.1 Falsch klassifizierte Testpunkte 20

2.2 Trennhypereben mit optimalem Rand. 21

2.3 Konvexe Hüllen um zwei Punktmengen, getrennt durch eine optimale Trennhyperebene. 23

2.4 Nicht separierbare Klassenmengen 24

2.5 Nichtlineare Abbildung in $\mathbb{R}^3$ 27

2.6 Architektur einer nichtlinearen SVM 30

3.1 Aufteilung der Gesamtdatenmenge in Chunks. 35

4.1 Aufbau einer Multiklassen Support Vektor Maschine. 38

5.1 Der Zifferndatensatz 42

5.2 z-Transformierte Ziffern 44

5.3 Support Vektoren der Klasse 6 gegen 6^c 47

5.4 Histogramme der Klasse 0 gegen das Komplement 51

5.5 Histogramme der Klasse 1 gegen das Komplement 52

5.6 Histogramme Klasse 0 gegen Klasse 1 53

5.7 Histogramme Klasse 0 gegen Klasse 2 54

5.8 Histogramme Klasse 8 gegen Klasse 9 55

Tabellenverzeichnis

3.1 Optimierklassen. 33

5.1 Komplementklassifikatoren mit RBF Kernfunktion 46

5.2 Komplementklassifikation mit RBF Kernfunktion und explizitem
Bias. 46

5.3 Paarweise Klassifikation mit RBF Kernfunktion. Expliziter Bias. 48

5.4 Konfusionsmatrix: Paarweiser Entscheider, expliziter Bias. 48

5.5 Paarweise Klassifikation mit RBF Kernfunktion und implizitem
Bias. 49

5.6 Konfusionsmatrix: Paarweise Entscheider, impliziter Bias. 50

5.7 Komplementklassifikatoren mit RBF Kernfunktion und LVQ
Vorverarbeitung. 56

5.8 LVQ-Klassifikation. 57

Danksagung

Für die ausgezeichnete Betreuung bei der Erstellung meiner Diplomarbeit und das Erstellen des Erstgutachtens, möchte ich mich bei Dr. Friedhelm Schwenker herzlich bedanken.

Mein Dank gilt auch Prof. Dr. Günther Palm für die Erstellung des Zweitgutachtens.

Besonders bedanken möchte ich mich bei Gerd Mayer und Markus Müller, die mich bei Fragen zu C und LaTeX unterstützt haben.

Für die ideelle und materielle Hilfe während meines Studiums, und insbesondere bei meiner Dipomarbeit, möchte ich meinen Eltern herzlich danken.

Zusammenfassung

Im Rahmen dieser Arbeit werden nichtlineare Support Vektor Maschinen im Bereich der Mehrklassen-Mustererkennung untersucht. Ein Punkt der Untersuchungen ist die Multiklassendiskriminierung durch Kombination binärer SV-Klassifikatoren. Diese Kombination kann durch paarweise Klassifikatoren und der Klassifikation, einer Klasse gegen alle anderen erreicht werden. Weiterhin wird untersucht, wie hochdimensionale Datensätze mit Standardsoftware für quadratische Optimierung durch einen Dekompositionsalgorithmus verarbeitet werden können. Durch Optimierung von LVQ-Prototypen wird versucht, die Klassifikationsleistung reiner LVQ-Netze zu verbessern. Die Eigenschaften von nichtlinearen Support Vektor Maschinen mit explizitem Bias wurden mit denen von Support Vektor Maschinen mit implizitem Bias verglichen. Durch Tests konnte die Leistungsfähigkeit des Modells der nichtlinearen Support Vektor Maschinen mit RBF-Kernfunktion unterstrichen werden. Insbesondere die paarweise Klassifikation konnte zu sehr guten Testergebnissen hin optimiert werden.

Kapitel 1

Grundlagen der Musterklassifikation

Support Vektor Maschinen (SVM) basieren auf dem Modell der strukturellen Risikominimierung und stellen eine Anwendung dieses von Vladimir Vapnik in [Vap82] vorgelegten Modells dar. Im Verlauf dieser Arbeit soll nach einer allgemeinen Einführung in die Musterklassifikation, das Modell der nichtlinearen Support Vektor Maschinen vorgestellt werden. Die Anwendung nichtlinearer Support Vektor Maschinen als Multiklassen-Klassifikatoren durch Kombination binärer Klassifikatoren, und die Kombination von Support Vektor Maschinen mit unterschiedlichen neuronalen Methoden, sollen im weiteren Verlauf genauer betrachtet werden.

Der Begriff der Mustererkennung ist aus dem umgangssprachlichen entlehnt. Abstrakt gesehen beschreibt er die Ausprägung einer Wahrnehmung (Perzept), die vom Gehirn einer bestimmten *Bedeutung* zugeordnet wird. Für das Gehirn können Muster aus akustischen, visuellen, olfaktorische und taktilen Perzepten bestehen. Bei einer maschinellen Verarbeitung werden heute hauptsächlich visuelle und akustische Reizeindrücke verarbeitet. Der Vorgang der Musterkennung ist die Assoziation anliegender Perzepte mit bereits vorliegendem oder abgeleitetem Weltwissen. Diese Begriffsdefinition stellt die maschinelle Bedeutung von Mustern und der Mustererkennung dar.

Um natürliche Muster, die durch verschiedene Perzepte gegeben sind, verarbeiten zu können, muß der eigentliche Merkmalsraum durch eine Transformation in eine durch Maschinen zu verarbeitende Darstellung umgeformt werden. Diese kann eine Datensegmentierung und Datenreduktion enthalten. Segmentierung wird zur Diskretisierung kontinuierlicher Eingangsdaten verwendet. Mit ihr werden gesprochene Worte in Laute, handgeschriebene Worte in Buchstaben oder Videoaufnahmen in Einzelbilder unterteilt. Datenreduktion ist insbesondere bei der Bearbeitung von Videobildern wegen der sehr hohen Datenrate und der hohen Auflösung unabdingbar. Die Vorverarbeitung von den in dieser Arbeit verwendeten Schriftzeichen besteht aus einer Scherungsnormierung, einer

1

Normierung der Strichdicke und einer Größennormierung. Nach diesen Schritten werden die erhaltenen Daten in ein 16 x 16 großes Vektorfeld eingetragen. Jeder Punkt des Vektorfeldes kann nun mit einem bestimmten Grauwert belegt werden, der aus der Größennormierung resultiert. Eine denkbare Kodierung wäre eine Grauwertkodierung, bei der 0 für weiß und 255 für schwarz steht. Um einen Mechanismus zu konstruieren, der Schriftzeichen erkennen kann, wird eine Trainingsmenge von Zeichen der Lernmaschine präsentiert. Diese versucht, die Merkmale der einzelnen Trainingsbeispiele zu lernen. Sind ausreichend viele Trainingsbeispiele präsentiert worden, kann die Maschine ihr unbekannte Muster richtig zuordnen. Das Maß der Güte dieses Vorganges wird als Generalisierungsleistung bezeichnet.

In diesem Kapitel werden, nach einer Einführung in die grundlegenden Prinzipien der Musterklassifikation, etablierte Modelle der Musterklassifikation vorgestellt. Sie sollen Gemeinsamkeiten von statistischen und neuronalen Methoden und den später eingeführten Support Vektor Maschinen verdeutlichen. Wie sich dadurch zeigen wird, sind sich die grundlegenden Konzepte der Verfahren sehr ähnlich, da sich die meisten Modelle mit statistischen Methoden erklären lassen.

1.1   Lernen aus Beispielen

Alle hier besprochenen Modelle der Musterklassifikation basieren auf dem Paradigma des *Lernens aus Beispielen*. Beispiele, im späteren Verlauf auch als Muster bezeichnet, sind durch ein Tupel $(\mathbf{z}_i, y_i)$ definiert. Dieses besteht aus einem Merkmalsvektor $\mathbf{z}_i$ aus dem Merkmalsraum $\mathbb{R}^N$ und einer diesem Merkmal zugeordneten Klasse y_i. Die Muster der Trainingsmenge werden durch einen uns unbekannten, stochastischen Zufallsprozeß mit Wahrscheinlichkeit $P(\mathbf{z}_i, y_i)$ erzeugt.

Im Fall der hier besprochenen Zweiklassen-Musterklassifikation wird die Klasse aus der Menge $\{-1, 1\}$ entnommen. Die Abbildung eines Merkmalsvektors zu einer Klasse wird dabei durch die Abbildungsfunktion f_α durchgeführt. Der Funktionsparameter α wird aus der Menge der Parameter $\Lambda = \mathbb{R}^{\mathcal{P}}$ ($\mathcal{P}$ ist die Anzahl der Parameter) entnommen, wodurch folgende Definition der Abbildungsfunktion entsteht:

$$\{f_\alpha(\mathbf{z}_\ell, y_\ell) : \alpha \in \Lambda\}, f_\alpha : \mathbb{R}^N \to \{-1, 1\} \tag{1.1}$$

Die Menge der Muster $(\mathbf{z}_1, y_1), .., (\mathbf{z}_\ell, y_\ell)$, die Merkmale $\mathbf{z}_i$ und die Klassen y_i seien wie folgt definiert.

$$(\mathbf{z}_1, y_1), .., (\mathbf{z}_\ell, y_\ell) \in \mathbb{R}^N \times \{-1, 1\} \tag{1.2}$$

Das Paradigma des *Lernens aus Beispielen* kann folgendermaßen formuliert werden:

Definition:

> Die Abbildungsfunktion f_{α^*} mit einem Parametersatz aus Λ ($\Lambda = \mathbb{R}^{\mathcal{P}}$) soll *gelernt* werden, die den kleinsten möglichen durchschnittlichen Fehler bei der Zuordnung eines Merkmalsvektor zu einer Klasse verursacht.

Mit den vorangegangenen Definitionen läßt sich eine Fehlerfunktion herleiten, die als Risiko R bezeichnet wird:

$$R(\alpha) = \int \frac{1}{2}(f_\alpha(\mathbf{z}) - y)^2 dP(\mathbf{z} \mid y) \tag{1.3}$$

Um das Risiko-Funktional $R(\alpha)$, welches von einer uns unbekannten Verteilungsfunktion abhängig ist, zu minimieren, müßte die bedingte Wahrscheinlichkeit $P(\mathbf{z} \mid y)$ bekannt sein. Da dies jedoch nicht der Fall ist, muß durch eine Abschätzung ein Ersatz geschaffen werden. Dieser besteht aus dem empirischen Risiko $R_{emp}(\alpha)$ und einem Konfidenzintervall. Das empirische Risiko beschreibt den mittleren Testfehler auf der Trainingsmenge. Dieser ist im Gegensatz zu dem erwarteten Risiko $R(\alpha)$ von keiner Wahrscheinlichkeitsverteilung abhängig, da er sich ausschließlich auf die vorhandenen Trainingsbeispiele bezieht. Da die Anzahl der Trainingsbeispiele ℓ begrenzt ist, ist durch ein minimales empirischen Risiko kein minimales allgemeines Risiko garantiert. Es ist zwar möglich das empirische Risiko beliebig zu minimieren, doch muß das allgemeine Risiko dadurch nicht minimal werden. Für den Fall, daß der Umfang der Menge der Trainingsbeispiele unendlich groß wird, kann das empirische Risiko dem allgemeinen Risiko gleichgesetzt werden: $R(\alpha) = \lim_{\ell \to \infty} R_{emp}(\alpha)$.

Das empirische Risiko $R_{emp}(\alpha)$ ist durch den Term

$$R_{emp}(\alpha) = \frac{1}{\ell} \sum_{i=1}^{\ell} \frac{1}{2}(f_\alpha(\mathbf{z}_i) - y_i)^2. \tag{1.4}$$

definiert.

Ein geringes empirisches Risiko (also ein geringer Fehler auf der beschränkten Trainingsmenge) garantiert noch keine gute Generalisierungsleistung. Ist trotz geringem empirischen Risiko die Generalisierung schlecht, wird von *overfitting* gesprochen (vergleiche [Bis95]). Dies bedeutet, daß die Trainingsmenge *auswendig* gelernt wurde. Das Konfidenzintervall, das zum von Vapnik in [Vap82] vorgeschlagenen Prinzip der *strukturellen Risikominimierung* führt, wird dem empirischen Risiko zugeschlagen. Es basiert auf der Annahme, daß für das oben genannte Lernproblem der empirischen Risikominimierung für jegliches $\alpha \in \Lambda$

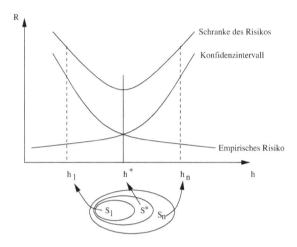

Abbildung 1.1: Das empirische Risiko fällt mit größer werdender Anzahl von Elementen aus der Strukturmenge (Trainingsbeispiele). Der Wert des Konfidenzintervall steigt im gleichen Maße.

und $\ell > h$ mit der Wahrscheinlichkeit von mindestens $1 - \eta : 0 \leq \eta \leq 1$ die Abschätzung

$$R(\alpha) \leq R_{emp}(\alpha) + \sqrt{\frac{h\left(\log \frac{2\ell}{h} + 1\right) - \log(\eta/4)}{\ell}} \qquad (1.5)$$

gilt. Der Konfidenzterm wirkt der Beschränktheit der Trainingsbeispielmenge entgegen, wie in Abbildung (1.1) zu sehen ist. Der Konfidenzterm wird bei sinkendem empirischen Risiko größer, und verringert somit die Differenz zwischen tatsächlichem und empirischen Risiko.

Der Parameter h des Konfidenzterms bezeichnet die VC-Dimension [Vap95] der Entscheidungsfunktionsmenge.

Definition:

Die VC-Dimension einer Menge von Abbildungsfunktionen $f_\alpha(z_i, y_i), \alpha \in \Lambda$ entspricht der größtmöglichen Anzahl h von Merkmalsvektoren $z_1, .., z_\ell$, die auf 2^h verschiedene Arten, durch die Verwendung dieser Abbildungsfunktionen in zwei Klassen unterteilt werden können.

Wenn für jedes n eine Menge von n Merkmalsvektoren existiert, die durch die Menge von Abbildungsfunktionen $f_\alpha(\mathbf{z}_i, y_i), \alpha \in \Lambda$ eingeteilt werden können, so ist die VC-Dimension unendlich. Nach Vapnik kann die VC-Dimension der Menge von Abbildungsfunktionen geschätzt werden, indem man bestimmt, wieviele Merkmalsvektoren durch die gegebene Funktionsmenge unterschieden werden können.

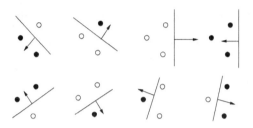

Abbildung 1.2: Alle möglichen Trennungen dreier Punkte in $\mathbb{R}^2$. Die VC-Dimension beträgt bei diesem Beispiel $2^3 = 8$.

Mit fest gegebener Anzahl von Trainingsbeispielen ℓ läßt sich das strukturelle Risiko (1.5) einerseits durch das empirische Risiko $R_{emp}(\alpha)$ und andererseits durch die VC-Dimension der Menge der Abbildungsfunktionen $h(f_\alpha(\mathbf{z}_i, y_i))$: $\alpha \in \Lambda$) beeinflussen. Das empirische Risiko ist direkt von der Wahl der Abbildungsfunktion abhängig, und kann über die *richtige* Wahl des Abbildungsparametersatzes α beeinflußt werden. Die VC-Dimension läßt sich über die Menge der Abbildungsfunktionen $f_\alpha(\mathbf{z}_i, y_i), \alpha \in \Lambda'$ steuern, wobei $\Lambda' \subset \Lambda$ gilt. Um nun h beeinflussen zu können, muß eine Struktur von verschachtelten Teilmengen geschaffen werden, die der Forderung $S_n := \{f_\alpha(\mathbf{z}_i, y_i) : \alpha \in \Lambda_n\} \subset \{f_\alpha(\mathbf{z}_i, y_i) : \alpha \in \Lambda\}$ genügt, so daß die Struktur

$$S_1 \subset S_2 \subset .. \subset S^* \subset .. \subset S_n \qquad (1.6)$$

gilt. S^* sei die Struktur, bei welcher das Risiko minimal ist (Abbildung (1.1)). Aus dieser Mengenstruktur läßt sich die Struktur,

$$h_1 \leq h_2 \leq .. \leq h^* \leq .. \leq h_n, \qquad (1.7)$$

der VC-Dimension ableiten. Für eine gegebene Menge an Trainingsbeispielen findet die strukturelle Risikominimierung die Abbildungsfunktion $f_{\alpha_i^n}(\mathbf{z}_i, y_i)$ aus der Teilmenge $\{f_\alpha(\mathbf{z}_i, y_i) : \alpha \in \Lambda_n\}$, für die das garantierte Risiko minimal ist (Abbildung (1.1)).

Bei Zweiklassenproblemen existiert für jede mögliche Separierung eine Funktion $f_\alpha(\mathbf{z}_i, y_i)$, für die die eine Klasse den Wert 1 und für die die andere Klasse den Wert -1 annimmt. Aus den Überlegungen dieses Kapitels ergibt sich das Bild einer Lernmaschine. Sie besteht aus der Vereinigungsmenge aller Abbildungsfunktionen $\cup_{f_\alpha}$ mit minimalem Risiko.

Die im weiteren Verlauf vorgestellten Support Vektor Maschinen sind eine Anwendung der hier beschriebenen strukturellen Risikominimierung. Doch bevor
diese genauer betrachtet werden, sollen hier noch weitere Verfahren zur Musterklassifikation vorgestellt werden, die in Kernfunktionen von nichtlinearen SVM
Verwendung finden.

1.2   Statistische Modelle der Musterklassifikation

Um mit statistischen Methoden einen Klassifikator zu erstellen, wird zu jeder
möglichen Entscheidung das entsprechende Risikomaß berechnet. Ziel ist es, die
Entscheidung zu fällen, die das geringste Risiko in sich birgt. Das Risiko $\mathbf{R}$ ist
hier durch den Erwartungswert der Kosten C definiert:

$$\mathbf{R} = \mathrm{E}\{C\} \tag{1.8}$$

Durch Anwendung des Bayes'schen Gesetzes kann das bedingten Risiko $\mathbf{R_z}$
eingeführt werden.

$$\mathbf{R_z}(f(\mathbf{z})) = \sum_{\omega} \mathbf{C}(\omega, f(\mathbf{z})) \cdot P(\omega \mid \mathbf{z}) \tag{1.9}$$

Die Konfiguration von $\mathbf{R_z}(f(\mathbf{z}))$, die den kleinsten Wert liefert, repräsentiert die
optimale Entscheidung. Mit dem kostenoptimalen Risiko läßt sich dann folgende
Entscheidungsregel ableiten:

$$\text{Entscheide} \quad \hat{\omega} \quad \text{mit} \quad \left\{ \hat{\omega} \mid \mathbf{R_z}(\hat{\omega}) \right\} = \min_{f(\mathbf{z})} \{\mathbf{R_v}(f(\mathbf{z}))\} \right\} \tag{1.10}$$

Hierbei wird das Muster $\hat{\omega}$ ausgewählt, welches das geringste zu erwartende
Risiko bezüglich der Abbildung $f(\mathbf{z})$ liefert. Die Gestalt der Kostenfunktion
ist abhängig vom verwendeten Klassifikator, und wird in den entsprechenden
Abschnitten definiert werden.

1.2.1   Bayes-Klassifikator

Das Prinzip der bedingten Wahrscheinlichkeit kann als Grundlage zur Erstellung eines Klassifikators verwendet werden [Sch96]. Die Entscheidungsfunktion $f(\mathbf{z})$ des Bayes-Klassifikators wird durch die Minimierung des Risikos, das
durch den Erwartungswert der Kosten repräsentiert wird, optimiert. Eine kor-
rekte Klassifikation verursacht keine Kosten, während eine Fehlklassifikation
und Rückweisung identisch hohe Kosten verursachen. Ω beschreibt die allgemeine Menge der Klassen der Elemente ω. Einem Bayes-Klassifikator liegt eine
symmetrische Kostenfunktion zugrunde, die identische Kosten für eine Falschzuordnung (C_f) und eine Zurückweisung (C_r) verursacht. Die im vorigen Kapitel eingeführte Klassenmenge y_i ist eine Teilmenge von Ω. Mit $\hat{\omega}$ wird die über
die Entscheidungsregel *geschätzte* Klasse bezeichnet.

Um eine Rückweisung eines nicht hinreichenden Musters zu ermöglichen, wird der Wertevorrat der Klassen zu $\hat{\Omega} = \omega_0 \cup \Omega$ erweitert. Mit diesen Vorgaben läßt sich die Kostenfunktion $\mathbf{C}(\omega, \hat{\omega})$ konstruieren:

$$\mathbf{C}(\omega, \hat{\omega}) = \begin{cases} 0 & \text{für} \quad \omega = \hat{\omega} \\ C_f & \text{für} \quad \omega \neq \hat{\omega} \wedge \hat{\omega} \neq \omega_0 \\ C_r & \text{für} \quad \hat{\omega} = \omega_0 \end{cases} \tag{1.11}$$

Abhängig vom geschätzten $\hat{\omega}$ kann das bedingte Risiko über die Kosten $\mathbf{C}(\omega, \hat{\omega})$ berechnet werden.

$$\begin{aligned}
\mathbf{R_z}(\hat{\omega} \neq \omega_0) &= \sum_{\omega} \mathbf{C}(\omega, \hat{\omega}) \cdot P(\omega \mid \mathbf{z}) = 0 \cdot P(\hat{\omega} \mid \mathbf{z}) + \sum_{\omega \neq \hat{\omega}} C_f \cdot P(\hat{\omega} \mid \mathbf{z}) \\
&= C_f(1 - P(\hat{\omega} \mid \mathbf{z})) \\
\mathbf{R_z}(\hat{\omega} = \omega_0) &= \sum_{\omega} \mathbf{C}(\omega, \hat{\omega}) \cdot P(\omega \mid \mathbf{z}) = \sum_{\omega} C_r \cdot P(\omega \mid \mathbf{z}) = C_r
\end{aligned} \tag{1.12}$$

Die Klassifikation erfolgt mit der aus dem bedingten Risiko abgeleiteten Entscheidungsregel:

Wähle das $\hat{\omega}$ mit der höchsten Rückschlußwahrscheinlichkeit über:

$$P(\hat{\omega} \mid \mathbf{z}) = \max \tilde{\omega} \{P(\tilde{\omega} \mid \mathbf{z})\} \tag{1.13}$$

und

$$P(\hat{\omega} \mid \mathbf{z}) > \frac{C_f - C_r}{C_f} \tag{1.14}$$

aus, andernfalls, für $\hat{\omega} = \omega_0$, soll das Beispiel zurückgewiesen werden.

Der Bayes-Klassifikator stellt ein idealisiertes Modell zur Musterklassifikation dar. Tatsächlich ist es meist nicht möglich, einen Bayes-Klassifikator zu erstellen, da die erforderlichen statistischen Kenntnisse bei realen Anwendungen teilweise nicht vorhanden sind. Ein weiterer Nachteil ist, daß Bayes-Klassifikatoren dazu neigen Ereignisse, die seltener vorkommen, zu *benachteiligen*.

1.2.2 Maximum-Likelihood Klassifikator

Wenn keine Kenntnisse über die a priori Wahrscheinlichkeiten von Klassifikationsentscheidungen vorliegen, und/oder eine ungleichmäßige Behandlung selten auftretender Ereignisse vermieden werden soll, kann eine umgekehrt proportionale Kostenfunktion eingesetzt werden. Aus der geforderten Unabhängigkeit von der a priori Wahrscheinlichkeit ergibt sich die modifizierte, umgekehrt proportionale Kostenfunktion $\mathbf{C}(\omega, \hat{\omega})$ mit:

$$\mathbf{C}(\omega, \hat{\omega}) = \begin{cases} 0 & \text{für} \quad \omega = \hat{\omega} \\ \frac{C_f}{P(\omega)} & \text{für} \quad \omega \neq \hat{\omega} \wedge \hat{\omega} \neq \omega_0 \\ C_r & \text{für} \quad \hat{\omega} = \omega_0 \end{cases} \tag{1.15}$$

Das Risiko für den Fall $\mathbf{R_z}(\hat{\omega} = \omega_0)$ entspricht dem des Bayes-Klassifikators. Für den Fall einer Fehlklassifikation erhalten wir aus (1.15):

$$
\begin{aligned}
\mathbf{R_z}(\hat{\omega} \neq \omega_0) &= \sum_{\omega} \mathbf{C}(\omega, \hat{\omega}) \cdot P(\omega \mid \mathbf{z}) \\
&= 0 \cdot P(\omega \mid \mathbf{z}) + \sum_{\omega \neq \hat{\omega}} \frac{C_f}{P(\omega)} \cdot P(\omega \mid \mathbf{z}) = \sum_{\omega \neq \hat{\omega}} \frac{C_f}{P(\mathbf{z})} \cdot P(\mathbf{z} \mid \omega) \\
&= \frac{C_f}{P(\mathbf{z})} \left(\sum_{\omega} P(\mathbf{z} \mid \omega) - P(\mathbf{z} \mid \hat{\omega}) \right) \quad (1.16)
\end{aligned}
$$

Die Entscheidungsfunktion des Maximum-Likelihood Klassifikators wird analog zu der Entscheidungsfunktion des Bayes-Klassifikator gebildet.
Entscheide $\hat{\omega}$ durch die Ausdrücke:

$$
P(\hat{\omega} \mid \mathbf{z}) = \max_{\tilde{\omega}} \{ P(\mathbf{z} \mid \tilde{\omega}) \} \quad (1.17)
$$

und

$$
P(\hat{\omega} \mid \mathbf{z}) > \sum_{\tilde{\omega}} P(\mathbf{z} \mid \tilde{\omega}) - \frac{C_r \cdot P(\mathbf{z})}{C_f} \quad (1.18)
$$

Für den Fall, daß $\hat{\omega} = \omega_0$ ist, wird das Beispiel wiederum zurückgewiesen.
Durch die umgekehrt proportionale Kostenfunktion ist die Auftrittswahrscheinlichkeit $P(\hat{\omega})$ aus der Kostenfunktion herausgefallen. Wenn die Auftrittswahrscheinlichkeit $P(\hat{\omega})$ aller Klassen identisch ist, verhält sich der Maximum-Likelihood Klassifikator wie ein Bayes-Klassifikator.

1.2.3   Polynomklassifikator

Ein Ansatz der aus der Approximierungstheorie entstand, ist der Polynomklassifikator [Sch96]. Durch die Linearkombination verschiedener Funktionen läßt sich, nach dem Satz von Weierstraß, eine Funktion beliebig genau approximieren. Die Güte der Annäherung hängt direkt mit dem Grad des Polynoms zusammen. Je höher dieser ist, desto besser wird die Approximation sein. Eine einfache Möglichkeit eine Unterscheidungsfunktion $f(\mathbf{z})$ zu erstellen, bietet der Polynomansatz:

$$
\begin{aligned}
f(\mathbf{z}) &= a_{0,k} + a_{1,k}z_1 + a_{2,k}z_2 + .. a_{N,k}z_N + a_{N+1,k}z_1^2 + a_{N+2,k}z_1z_2 + .. \\
&= a_{0,k}x_0 + a_{1,k}x_1 + a_{2,k}x_2 + .. a_{N,k}x_N + a_{N+1,k}x_{N+1} + a_{N+2,k}x_{N+2} + .. \\
&= \mathbf{a}^T \cdot \mathbf{x}(\mathbf{z}) \quad (1.19)
\end{aligned}
$$

Jede Unterscheidungsfunktion $f(\mathbf{z})$ besteht aus einer Linearkombination von Produkttermen auf die Merkmale z_i mit den Koeffizienten $a_{\cdot,k}$. Die Struktur des Polynoms wird durch eine Abbildung $\mathbf{x}(\mathbf{z})$ charakterisiert. Durch sie werden die Komponenten des Polynomvektors $\mathbf{x}$ aufgelistet. Wenn man nun die

k verschiedenen Unterscheidungsfunktionen f_k zusammenfasst, erhält man den Schätzvektor $\mathbf{f}$:

$$\mathbf{f}(\mathbf{z}) = \mathbf{A}^T \cdot \mathbf{x}(\mathbf{z}) \qquad (1.20)$$

Die Koeffizientenmatrix $\mathbf{A}$ kann mit Hilfe des LMS-Verfahrens (Least Mean Square [Hay94]) durch

$$\min \mathbf{A} = E\{|\ \mathbf{y} - \mathbf{A}^T\mathbf{x}(\mathbf{z})\ |^2\} \qquad (1.21)$$

optimiert werden.

Zum Aufstellen eines Lösungsansatz, muß die Struktur des Polynoms vorgegeben werden. Am einfachsten geschieht dies durch den sogenannten vollständigen Polynomansatz. Hierbei enthält die vorgegebene Struktur alle möglichen Polynome des Grades G, und liefert die Länge M des erzeugten Polynoms als Ergebnis zurück.

$$M = \binom{N + G}{G} = \dim\{\mathbf{x}\} \qquad (1.22)$$

Bei der Wahl eines Polynom vom Grade 2 erhält man eine quadratische Unterscheidungsfunktion. Allerdings sollte man beim vollständigen Polynomansatz vorsichtig sein, da die Anzahl der Terme sehr schnell mit dem Grad des Polynoms wächst.

Diesem kann man entgegenwirken, indem man eine Reduktion der Polynomterme durch bestimmte Techniken durchführt. Hierfür benötigt man jedoch den nötigen Einblick in das gestellte Problem, um eine Selektionsregel zu erstellen. Das Prinzip dieses Ansatzes der Polynomklassifikatoren wird im weiteren Verlauf dieser Arbeit zur Generierung einer polynomiellen Kernfunktion bei nichtlinearen Support Vektor Maschinen verwendet.

1.3 Neuronale Modelle zur Musterklassifikation

Die ersten Ansätze zum Einsatz künstlicher neuronaler Netze im Bereich der Musterklassifikation wurden in den fünfziger Jahren vorgelegt.

Papert und Minsky untersuchten die Eigenschaften des Perzeptrons ausführlich [MP69] und zeigten, daß man mit ihm nur relativ einfache, linear trennbare, Probleme lösen kann. Die Untersuchungen von ihnen führten zu einer Desillusionierung der Leistungsfähigkeit des Perzeptron, was eine Stagnierung der Forschung im Bereich der künstlichen neuronalen Netze nach sich zog. Neuen Schwung bezog die Forschung durch Arbeiten der PDP-Gruppe, die in den achtziger Jahren unter anderem den Error-Backpropagation Algorithmus vorstellten.

Modelle wie Multilayer-Perzeptrone, Radiale Basisfunktions Netze und Learning Vector Quantization werden häufig im Bereich der Musterklassifikation eingesetzt. Andere Einsatzgebiete werden in diesem kurzen Überblick außen vor gelassen, jedoch ist in [Hay94] und in [Bis95] eine ausführliche Beschreibung der genannten und weiterer Verfahren enthalten.

1.3.1 Perzeptron

Im Jahr 1958 wurde von Frank Rosenblatt [Ros58], einem amerikanischen Psychologen, das Modell des Perzeptrons vorgeschlagen.
Das klassische Perzeptron ist in Abbildung (1.3) zu sehen. Es besteht aus einer künstlichen Retina, durch die die Eingabe geliefert wird, einer Merkmalscodierung durch Masken ρ und einem Schwellwertneuron. Die Verbindungen der Retina zu den Masken sind fix, die Gewichtsverbindungen der Masken zum Schwellwertneuron sind adaptierbar. Das Schwellwertneuron Summiert die angelegten Gewichtungen auf und *feuert*, wenn ein bestimmter Wert b überschritten wurde. Dadurch ergeben sich die zwei möglichen Zustände eines Schwellwertneurons, -1 für inaktiv und 1 für aktiv.

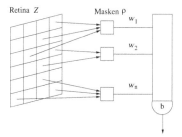

Abbildung 1.3: Das Klassische Perzeptron, bestehend aus einer Retina X, der vorverarbeitenden Masken ρ und einer Schwellwertdetektion.

Der einfachste Fall der Musterklassifikation ist die lineare Trennung eines Merkmalsraumes in zwei Halbräume $A^-, A^+ \in \mathbb{R}^N$. Voraussetzung hierfür ist eine endliche Stichprobenmenge $z = (z^1, .., z^n) \in \mathbb{R}^N$ mit n Eingabedaten aus $\mathbb{R}^n$, und die Menge der möglichen Ausgaben, welche durch die Zielfunktionsmenge $y \in \{-1, 1\}$ (auch Klassenmenge genannt) definiert werden. Der Lernvorgang ist eine Zuordnung der Trainingsvektoren $\mathbf{z}$ zu ihren Zielfunktionen, indem der Gewichtsvektor $\mathbf{w}$ und der Schwellwert b derart angepaßt werden, daß die Ausgabe des Perzeptrons dem Lehrersignal t entspricht.

$$\Delta \mathbf{w}_i = l \cdot \mathbf{z}_i \cdot (t - y_i) \qquad (1.23)$$

Das Lehrersignal t wird aus der Menge $\{-1, 1\}$ entnommen. Die konstante Lernrate wird durch $l \in \mathbb{R}^+$ definiert. Nach dem Perzeptronkonvergenzsatz konvergiert die Perzeptron-Lernregel in endlich vielen Lernschritten, falls die vorliegende Trainingsmenge linear separierbar ist. Die durch die Trainingsphase errechnete Trennhyperebene läßt sich durch den Term

$$\{\mathbf{z} \in \mathbb{R}^N : (\mathbf{w} \cdot \mathbf{z}) + b = 0\} \qquad (1.24)$$

ausdrücken.

Die Position der Trennhyperebene ist durch den Gewichtsvektor $\mathbf{w}$ und dem skalaren Schwellwert b bestimmt. Durch die allgemeine Form der Trennhyperebene läßt sich eine Entscheidungsfunktion bestimmen, die die in der Arbeitsphase präsentierten Testvektoren ihrer Klasse $y \in \{-1, 1\}$ zuordnet:

$$f_{\mathbf{w},b}(\mathbf{z}) = sgn((\mathbf{w} \cdot \mathbf{z}) + b) \tag{1.25}$$

Wenn eine ausreichend umfangreiche Trainingsstichprobe präsentiert wurde, ist das Perzeptron in der Lage, adäquat auf unbekannte Testmuster zu reagieren. All die Klassifikationsprobleme, bei denen die Schnittmenge der konvexen Hüllen der Klassen leer ist $(conv(A^-) \bigcap conv(A^+) = \emptyset)$, können durch (1.24) in zwei Halbräume getrennt werden. Viele einfache Probleme können aber nicht gelöst werden, wie zum Beispiel das XOR-Problem (vergleich Abbildung (1.6))

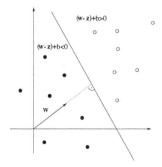

Abbildung 1.4: Trennhyperebene durch zwei voneinander linear separierbaren Punktmengen.

Falls man mehrere Klassen unterscheiden will, kann man durch die Serialisierung von Schwellwertneuronen (Abbildung (1.5)) das Perzeptron erweitern. Mit k Neuronen können dann $k + 1$ Klassen unterschieden werden, was natürlich an der Bedingung, daß die Schnittmenge der konvexen Hüllen leer sein muß, nichts ändert.

1.3.2 Multilayer-Perzeptron (MLP)

Da eine Lösung schwierigerer Probleme durch eine Serialisierung von Perzeptronen nicht möglich ist, wurde eine mehrschichtige (*multilayer*) Architektur vorgeschlagen.

Das einfachste Modell des sogenannten Multilayer-Perzeptrons besteht aus einem vollständig verbundenen Feedforward-Netz. Dieses besteht aus einer Ein-

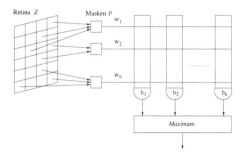

Abbildung 1.5: Serialisierung von Schwellwertneuronen für Mehrklassenklassifikation.

gabeschicht, einer parallelen Anordnung von Schwellwertneuronen in der sogenannten Hiddenschicht, denen jeweils eine nichtlineare, differentierbare Aktivierungsfunktion S nachgeschaltet wird, und einer Ausgabeschicht.
Als Aktivierungsfunktion wird häufige eine sigmoide Funktion verwendet, wie
z.Bsp.:

$$S(x) = \frac{1}{1 + e^{-x}} \tag{1.26}$$

S bildet den Bereich der reellen Zahlen $\mathbb{R}$ auf $(0..1)$ ab. Falls die Abbildung auf
$(-1..1)$ beschränkt sein soll, greift man auf einen Tangens-Hyperbolicus zurück.

$$S(x) = \tanh(p \cdot x) \tag{1.27}$$

Die Nichtlinearität der Aktivierungsfunktion ist eine grundlegende Eigenschaft.
Bei Verwendung einer linearen Aktivierungsfunktion würde die gesamte Ope-
ration des Multilayer-Perzeptron zu einer Multiplikation der Gewichtsmatrizen
aller vorhandener Schichten zusammenfallen. Das Ergebnis wäre eine einzige
Matrix, die einem einschichtigen Perzeptron entspräche. Durch die Verwendung
einer sigmoiden Aktivierungsfunktion wird auch die Fehlerfunktion des Netzes
stetig und überall differenzierbar. Die Trennung durch eine sigmoide Entscheidungsfunktion ist nicht mehr so deutlich wie mit einer Sprungfunktion, die
für bestimmte Eingabewerte die Ausgabe -1 oder 1 liefert. Die Ausgabewerte
nähern sich lediglich asymptotisch den Werten -1, 1 an. Die Differenzierbarkeit
der Aktivierungsfunktion ist nötig, um eine Optimierung des MLP-Netzwerkes
durch ein Gradientenabstiegsverfahren zu ermöglichen.
Ein relativ einfaches Problem, das durch ein Perzeptron nicht, aber durch
MLP lösbar ist, stellt das XOR-Problem (Abbildung (1.6)) dar. Das Multilayer-
Perzeptron ist in der Lage, mit zwei Schichten nichtlineare Trennprobleme zu
lösen. Zur Veranschaulichung sei auf Abbildung (1.6(b)) verwiesen.

Am Beispiel des Einheitsquadrates, läßt sich dieses Problem einfach verdeutlichen. Die Ecken des Quadrates beschreiben die Eingangsmuster

$(0,0), (0,1), (1,0)$ und $(1,1)$. Da die Muster für

$$0 \text{ XOR } 0 = 0 \quad ; \quad 1 \text{ XOR } 1 = 0 \tag{1.28}$$

und

$$0 \text{ XOR } 1 = 1 \quad ; \quad 1 \text{ XOR } 0 = 1 \tag{1.29}$$

auf gegenüberliegenden Ecken des Einheitsquadrates liegen, ist es nicht möglich sie mit *einer* Trennhyperebene zu separieren. Dies ist der Grund dafür, daß ein einschichtiges Perzeptron nicht in der Lage ist diese Aufgabe zu lösen. Der Einsatz einer mehrschichtigen Architektur ermöglicht es mehrere Trennhyperebenen zu generieren, mit der sich das XOR-Problem lösen läßt. Eine mögliche Lösung des Problems wird in Abbildung (1.6) gezeigt.

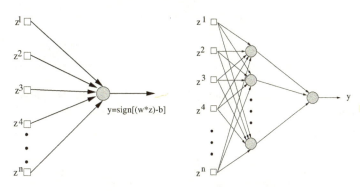

(a) Modell eines Perzeptrons, das die Mengen -1 und 1 trennt.

(b) Modell eines Multilayer-Perzeptrons.

Die bekannteste Lernregel für das Multilayer-Perzeptron ist wahrscheinlich das Error-Backpropagation Verfahren [Hay94]. Um diese Methode der Fehlerminimierung einsetzen zu können, muß eine voll vernetzte Struktur des Netzes vorliegen. Das Prinzip des Lernens basiert wiederum auf dem Paradigma des *Lernens aus Beispielen*. Zum Training ist eine Menge bestehend aus Ein- und Ausgabevektoren gegeben. Diese Tupel werden nacheinader dem Netz präsentiert, und die Netzgewichte entsprechend angepaßt. Die Güte der Abbildung der Ein-/Ausgabevektoren wird durch den quadratischen Fehler bemessen. Ziel ist es nun, eine Konstellation der Netzgewichte zu berechnen, die den Fehler E minimiert.

1.3.3   Learning Vector Quantization (LVQ)

Teuvo Kohonen [Koh97] hat mehrere Lernalgorithmen vorgeschlagen. Zum einen unüberwachte Verfahren wie die selbstorganisierenden Merkmalskarten

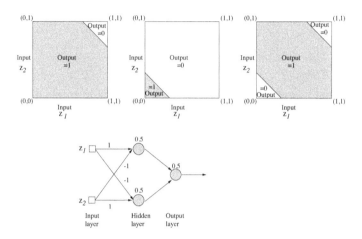

Abbildung 1.6: Das XOR Problem, gelöst durch ein MLP mit drei Schwellwert-neuronen. Die Werte an den Kanten repräsentieren die Gewichte und die Werte an den Neuronen die Schwellwerte.

(SOM) und zum anderen das Verfahren der Learning Vector Quantization. Bei diesem Lernverfahren wird duch den Einsatz von Prototypen **p** versucht, eine ideale Trennhyperebene zu erstellen. Die Trennhyperebene ist dabei mit einem Voronoidiagramm vergleichbar.

Der Trainingsvorgang besteht dabei aus einem Verfahren, das zufällig Eingabe-vektoren aus der Trainingsmenge selektiert, um in einer gewissen Nachbarschaft die Prototypen zu adaptieren. Ist der betrachtete Prototyp aus derselben Klas-se wie der gewählte Trainingspunkt, so wird der Abstand zu diesem verringert, andernfalls wird der Prototyp abgestoßen. Durch wiederholte Anwendung die-ser *Optimierung* kann die Lage der Entscheidungsfläche bestimmt werden. Je komplexer das Klassifikationsproblem ist, desto mehr Prototypen müssen ver-wendet werden, um ein ausreichende Generalisierungsleistung zu erlangen. Die Adaptionsregel der Prototypen besteht somit aus zwei Teilen:

$$\omega_{\mathbf{p}_j} = \omega_{\mathbf{z}_i}$$

$$\mathbf{p}_j(\ell + 1) = \mathbf{p}_j(\ell) + \alpha_\ell[\mathbf{z}_i - \mathbf{p}_j(\ell)] \tag{1.30}$$

$$\omega_{p_j} \neq \omega_{\mathbf{z}_i}$$

$$\mathbf{p}_j(\ell + 1) = \mathbf{p}_j(\ell) - \alpha_\ell[\mathbf{z}_i - \mathbf{p}_j(\ell)] \tag{1.31}$$

mit $0 < \alpha < 1$.

Die Wahl der Anzahl von Lernepochen spiegelt sich auch in der Generalisie-rungsleistung wieder. Sind die Prototypen nicht ausreichend optimiert worden, so wird die Leistung des Systems schlecht bleiben, da die Lage der Entschei-dungsfläche schlecht gewählt ist. Bei den folgenden Radialen Basisfunktions

Netzen kann der hier vorgestellte LVQ-Algorithmus zum *geschickten* initialisieren der Anfangswerte der RBF-Zentren verwendet werden.

1.3.4 Radiale Basisfunktionen (RBF)

Sehr gute Ergebnisse im Bereich der Musterklassifikation und Interpolation wurden mit Ansätzen erreicht, die auf radialen Basisfunktionen beruhen. Die Architektur eines RBF-Netzes besteht wie die des MLP aus drei unterschiedlichen Schichten: einer Eingabeschicht, einer Hiddenschicht und einer Ausgabeschicht.

Die Hiddenschicht muß eine *ausreichend* große Dimensionalität aufweisen, um ein ausreichende Generalisierungsleistung zu gewährleisten. Die Abbildung der Eingabeschicht auf die Hiddenschicht entsteht durch eine nichtlineare Basisfunktion. Sie stellt die gespeicherten Prototypen dar. Die Abbildung von der Hidden- auf die Ausgabeschicht ist linear und bildet die Prototypen auf ein bestimmtes binäres Klassenneuron ab. Wenn die Zentren der hidden Neuronen adaptierbar gemacht werden, kann die Dimensionalität der Hiddenschicht ohne Verlust an Leistung verkleinert werden. *Cover's* Theorem [Hay94] besagt, daß eine komplexe Klassifikationsaufgabe in einem hochdimensionalen Raum mit höherer Wahrscheinlichkeit gelöst werden kann, als in einem niedrigdimensionalen Raum.

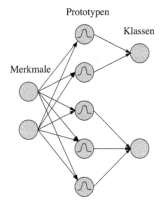

Abbildung 1.7: RBF-Netzwerk.

Als Beispiel soll in diesem Kapitel ein RBF Netz vorgestellt werden, das eine Kernfunktion mit adaptierbaren Zentren und adaptierbaren Varianzen hat. Die Ausgabe des Netzes wird durch lineare Superposition von K Basisfunktionen berechnet. RBF Netze mit adaptierbaren Zentren und Varianzen wurden von Moody [MD89] vorgestellt (näheres über dieses Thema ist auch in [Bis95] und in [Hay94] zu finden). Die Abbildungsfunktion ist durch den Ausdruck

$$f(\mathbf{z}) = \sum_{k=1}^{K} w_k g_k(\mathbf{z}) \tag{1.32}$$

festgelegt, wobei $w_k, k = 1, .., K$ die Gewichte der Ausgabeschicht beschreiben. Die gauß'sche Dichtefunktion g_k ist durch

$$g_k(\mathbf{z}) = \exp\left(-\frac{\|\mathbf{z} - \mathbf{z}^\mu\|^2}{2\sigma_k^2}\right) \tag{1.33}$$

definiert, wobei $\mathbf{z}^\mu$ den Mittelwert, und σ_k^2 die Varianz (die Breite der Gaußfunktion) beschreibt. Die Initialisierung des Netzes kann durch zufällige Platzierung der Prototypen und mit festen Varianzen erfolgen. Besser ist es, die Lage der Prototypen $\mathbf{z}^\mu$ zum Beispiel durch ein Clusteranalyseverfahren zu schätzen, und die Varianzen σ_k über die Distanz von $\mathbf{z}^\mu$ auf das nächstgelegen $z_i^\mu (i \neq k, i \in \{1, .., K\})$ zu ermitteln.

Der Lernvorgang besteht aus der Minimierung der Fehlerfunktion E. Dabei ist λ ein konstanter Regularisierungsparameter.

$$E = \frac{1}{2} \sum_{i=1}^{\ell} (\omega_i - f(\mathbf{z}_i))^2 + \frac{\lambda}{2\ell} \sum_{k=1}^{K} w_k^2 \tag{1.34}$$

Die Fehlerminimierung kann durch ein inkrementelles Gradientenabstiegsverfahren erreicht werden. Hierfür werden die Ableitungen bezüglich $\mathbf{z}^\mu$ und σ_k benötigt. Die Ableitung nach $\mathbf{z}^\mu$ berechnet sich durch

$$\frac{\partial E}{\partial \mathbf{z}^\mu} = \sum_{i=1}^{\ell} (f(\mathbf{z}_i) - \omega_i) \frac{\partial}{\partial \mathbf{z}^\mu} f(\mathbf{z}_i) \text{ mit } \frac{\partial}{\partial \mathbf{z}^\mu} f(\mathbf{z}_i) = w_k \frac{\mathbf{z}_i - \mathbf{z}^\mu}{\sigma_k^2} g_k(\mathbf{z}_i), \tag{1.35}$$

und nach σ_k durch

$$\frac{\partial E}{\partial \sigma_k} = \sum_{i=1}^{\ell} (f(\mathbf{z}_i) - \omega_i) \frac{\partial}{\partial \sigma_k} \text{ mit } \frac{\partial}{\partial \sigma_k} f(\mathbf{z}_i) = w_k \frac{\|\mathbf{z}^\mu - \mathbf{z}_i\|^2}{\sigma_k^3} g_k(\mathbf{z}_i). \tag{1.36}$$

Der optimale Gewichtsvektor $\mathbf{w} = [w_1, .., w_K]^T$ kann dann durch den Term

$$\mathbf{w} = \left(G^T G + 2\frac{\lambda}{\ell} \mathbf{I}\right)^{-1} G^T \Omega \tag{1.37}$$

ausgedrückt werden. Wobei G_{ik} die Menge der Prototypen $g_k(\mathbf{z}_i)$ und Ω die Menge der Klassen $(\omega_1, .., \omega_\ell)$ beschreibt. Mit $\mathbf{I}$ wird die Einheitsmatrix repräsentiert. Der Lernvorgang wird durch die Anpassung der Prototypen und des Gewichtsvektors auf präsentierte Trainingsbeispiele vollzogen. Die Parameter des Netzes werden so angepaßt, daß ein präsentiertes Eingangsmuster der vorgegebenen Klasse, die durch ein Neuron in der Ausgabeschicht repräsentiert ist, richtig *zugeordnet* wird. Falls die Trainingsstichprobe ausreichend aussagekräftig war, wird das Netzwerk in der Arbeitsphase gut generalisieren und unbekannte Testbeispiele mit hoher Wahrscheinlichkeit der richtigen Klasse zuordnen. Ein Ausgabeneuron repräsentiert für jeweils eine Klasse. Durch den Klassifikationsvorgang werden die Aktivierungen der Ausgabeneuronen festgelegt. Das Neuron, welches die höchste Aktivierung, zeigt wird als geschätzte Klasse ausgegeben.

Kapitel 2

Support Vektor Maschinen

Die neuronalen Modelle der Musterklassifikation wurden vorgestellt, um den Ursprung einiger bei Support-Vektor Maschinen verwendeter Kernfunktionen zu dokumentieren. Nichtlinere Aktivierungsfunktionen und nichtlineare Basisfunktionen werden zur Abbildung in höherdimensionale Räume bei nichtlinearen SVM verwendet. Die Theorie der Support Vektor Maschinen wurde von Vladimir Vapnik [Vap95] begründet. Mit der statistischen Lerntheorie im Hintergrund entwickelte er die im vorgehenden Abschnitt vorgestellte strukturelle Risikominimierung. Das Support Vektor Lernen stellt eine Anwendung dieses Verfahrens dar.

Support Vektor Maschinen wurden ursprünglich für das Lösen von Zweiklassenproblemen und für Regressionschätzungen entwickelt. Das einfachste Modell einer Support Vektor Maschine entspricht in seiner Leistungsfähigkeit der des Perzeptrons. Lineare SVM können, wie der Name schon sagt, linear trennbare Klassifikationsaufgaben lösen. Ausgehend von linearen SVM mit Trennhyperebenen mit optimalem Rand und Trennhyperebenen für nicht trennbare Daten, wird auf das Modell der nichtlinearen Support Vektor Maschine hingeleitet.

2.1 Trennhyperebene mit optimalen Rand

Beim Erstellen einer beliebigen Trennhyperebene zwischen zwei Mengen, zum Beispiel durch ein einfaches Perzeptron, gibt es viele gültige Möglichkeiten, diese zu plazieren. In Abbildung (2.1) wird eine mögliche Fehlklassifikation in der Arbeitsphase durch eine schlecht gewählte Trennhyperebenen illustriert. Da die Klassifikationsleistung, wie deutlich zu sehen ist, stark von der Orientierung der Trennhyperebene abhängig ist, wird durch die Maximierung eines Randes um die Trennhyperebene der Klassifikationsfehler verringert, respektive die Generalisierungsleistung erhöht, Abbildung (2.2).

Um zwei Klassen mit Zielfunktion y_i aus $\{-1, 1\}$ ohne Fehler zu klassifizieren, muß eine Entscheidungsfunktion $f_{\mathbf{w},b}(\mathbf{z}_i)$ über den Gewichtsvektor $\mathbf{w}$ und die

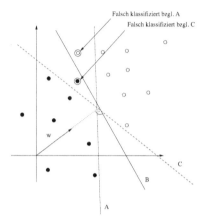

Abbildung 2.1: Falsch klassifizierte Testpunkte durch schlecht gewählte Trenn-hyperebenen (dargestellt durch gestrichelte Linien).

Testbeispiele z_i konstruiert werden:

$$f_{\mathbf{w},b}(\mathbf{z}_i) = \mathrm{sgn}(\mathbf{w} \cdot \mathbf{z}_i + b) = y_i, \text{ mit } i = 1,..,\ell. \tag{2.1}$$

Diese schafft für alle Elemente des Merkmalsraums eine Abbildung auf den Zielfunktionsraum. Wenn eine Funktion existiert, für die dies zutrifft, kann die Zuordnung eines Merkmals verallgemeinert durch den Term

$$y_i \cdot ((\mathbf{z}_i \cdot \mathbf{w}) + b) \geq 1, \text{ mit } i = 1,..,\ell \tag{2.2}$$

ausgedrückt werden.

Der maximale Rand zwischen zwei Klassen läßt sich über die allgemeine Formel der Trennhyperebene (1.24) herleiten.
Sei der Rand bezüglich der Klasse $+1$ gegeben durch:

$$(\mathbf{w} \cdot \mathbf{z}_i) + b = 1 \tag{2.3}$$

und bezüglich der Klasse -1 durch:

$$(\mathbf{w} \cdot \mathbf{z}_j) + b = -1. \tag{2.4}$$

Daraus ergibt sich der maximale Abstand zweier Klassenmengen:

$$(\mathbf{w} \cdot (\mathbf{z}_i - \mathbf{z}_j)) = 2 \Rightarrow \left(\frac{\mathbf{w}}{\|\mathbf{w}\|} \cdot (\mathbf{z}_i - \mathbf{z}_j) \right) = \frac{2}{\|\mathbf{w}\|} \tag{2.5}$$

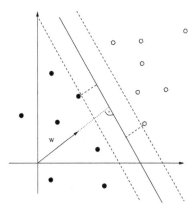

Abbildung 2.2: Trennhypereben mit optimalem Rand.

Durch die Bildung des Kehrwertes kann diese Maximierungsaufgabe in die Minimierung von $\tau(\mathbf{w})$ überführt werden. Die Quadrierung der Norm erspart die Berechnung einer Wurzel, das Problem wird dadurch numerisch vereinfacht.

$$\tau(\mathbf{w}) = \frac{1}{2}\|\mathbf{w}\|^2 \tag{2.6}$$

Durch die Minimierung von (2.6) unter der Bedingung (2.2) kann somit eine optimal Trennhyperebene errechnet werden. Geometrisch betrachtet wird der Abstand der Merkmalsvektoren zur Trennebene maximiert.

Die Trennebene definiert sich somit durch $f_{\mathbf{w},b}(\mathbf{z}_i) = 0$. Um die Minimierung von (2.6) dieses konvexen Optimierungsproblem durchzuführen, führen wir die Lagrange Multiplikatoren mit der Eigenschaft $\alpha_i \geq 0$ ein. Somit erhalten wir das Optimierungsproblem:

$$L(\mathbf{w}, b, \alpha) = \frac{1}{2}\|\mathbf{w}\|^2 - \sum_{i=1}^{\ell} \alpha_i(y_i((\mathbf{z}_i \cdot \mathbf{w}) + b) - 1) \tag{2.7}$$

Um das Lagrange-Funktional zu optimieren, werden die Lagrange Multiplikatoren α_i maximiert, und der Gewichtsvektor $\mathbf{w}$ sowie der Parameter b werden unter den Nebenbedingungen

$$\frac{\partial}{\partial b}L(\mathbf{w}, b, \alpha) = 0 \quad \text{und} \quad \frac{\partial}{\partial \mathbf{w}}L(\mathbf{w}, b, \alpha) = 0 \tag{2.8}$$

minimiert. Um dieses Problem in ein duales Optimierungsproblem umzuwandeln, welches mit Standardsoftware lösbar ist, müssen die Nebenbedingungen

(2.8) zu

$$\sum_{i=1}^{\ell} \alpha_i y_i = 0 \qquad (2.9)$$

und

$$\mathbf{w} = \sum_{i=1}^{\ell} \alpha_i y_i \mathbf{z}_i. \qquad (2.10)$$

umgeformt werden. Die Optimalitätsbedingung der Lagrange Multiplikatoren wird durch

$$-\frac{\partial}{\partial \alpha_i} L(\mathbf{w}, b, \alpha) = y_i((\mathbf{z}_i \cdot \mathbf{w}) + b) - 1) \geq 0 \qquad (2.11)$$

bestimmt.
Laut dem Kuhn-Tucker-Theorem der Optimierungstheorie [Sch97] sind nur die Lagrange Multiplikatoren $\alpha_i \neq 0$, welche an den Sattelpunkten der gegebenen Funktion liegen, und folglich die Nebenbedingung

$$\alpha_i \cdot [y_i((\mathbf{z}_i \cdot \mathbf{w} + b) - 1] = 0 \text{ mit} \qquad i = 1, .., \ell \qquad (2.12)$$

genau erfüllen [BS95]. Die Vereinigungsmenge dieser Punkte repräsentiert die konvexe Hülle ihrer Merkmalsmenge.

Definition:

Die Muster $\mathbf{z}_i$, für jene die Lagrange Multiplikatoren $\alpha_i > 0$ sind, werden als Support Vektoren bezeichnet.

Durch die allgemeine Nebenbedingung (2.12) ergeben sich vier Möglichkeiten, ein Testmuster $\mathbf{z}_i$ zu klassifizieren:

$y_{i^*} \cdot ((\mathbf{z}_{i^*} \cdot \mathbf{w}) + b) > 1$: das präsentierte Muster wird richtig erkannt, und liegt nicht auf dem *Trennrand*. Die Multiplikatoren dieser Muster würden bei einem Optimierungsvorgang zu 0 werden.

$y_{i^*} \cdot ((\mathbf{z}_{i^*} \cdot \mathbf{w}) + b) = 1$: Bei diesen Punkten handelt es sich um Vektoren, die auf der Trennebene liegen. Sie erfüllen (2.12) genau. Wenn diese Punkte in der Trainingsmenge vorhanden wären, würden sie zu Support Vektoren. Diejenigen Punkte, die obige Bedingung erfüllen, lägen auf der konvexen Hülle ihrer Punktmenge (siehe Abbildung (2.3)).

$1 > y_{i^*} \cdot ((\mathbf{z}_{i^*} \cdot \mathbf{w}) + b) > 0$: Auch diese Muster werden richtig klassifiziert. Die Punkte dieser Menge liegen zwar im Bereich zwischen Trennebene und Mengenrand, sind aber noch auf der richtigen Seite der Entscheidungsfläche.

$0 > y_{i^*} \cdot ((\mathbf{z}_{i^*} \cdot \mathbf{w}) + b)$: Diese Punkte verletzen die Nebenbedingung (2.9) und (2.10), und werden daher falsch klassifiziert.

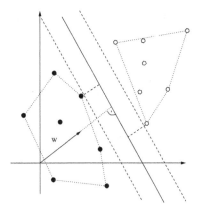

Abbildung 2.3: Konvexe Hüllen um zwei Punktmengen, getrennt durch eine optimale Trennhyperebene.

Durch Einsetzen von (2.9) und (2.10) in (2.7) erhält man die duale Form des Optimierungsproblems.
Dieses wird durch die Maximierung von

$$W(\alpha) = \sum_{i=1}^{\ell} \alpha_i - \frac{1}{2} \sum_{i,j=1}^{\ell} \alpha_i \alpha_j y_i y_j (\mathbf{z}_i \cdot \mathbf{z}_j) \qquad (2.13)$$

unter den Nebenbedingungen

$$\alpha_i \geq 0 \text{ mit} \qquad i = 1, .., \ell, \qquad (2.14)$$

$$\sum_{i=1}^{\ell} \alpha_i y_i = 0 \qquad (2.15)$$

gelöst. Um nun Testpunkte zu klassifizieren, werden diese einer Entscheidungsfunktion $f(\mathbf{z})$ präsentiert. Diese entsteht aus Substitution der Entscheidungsfunktion der einfachen Trennhyperebene (2.1) und der Definition des Gewichtsvektors (2.10):

$$f(\mathbf{z}) = \text{sgn} \left(\sum_{i=1}^{\ell} \alpha_i y_i (\mathbf{z} \cdot \mathbf{z}_i) + b \right). \qquad (2.16)$$

Diese Entscheidungsfunktion ordnet die ihr präsentierten Muster $\mathbf{z}$ einer Klasse aus $\{-1, 1\}$ zu.

Mit der hier vorgestellten Erweiterung zur allgemeinen Trennhyperebene läßt sich bereits die Generalisierungsleistung wesentlich erhöhen. Linear nicht sepa-

rierbare Merkmalsmengen können durch dieses Modell jedoch noch nicht sepa-
riert werden. Einen weiteren wichtigen Schritt in Richtung der Leistungsfähigkeit nichtlinearer Support Vektor Maschinen stellt die Einführung von Schlupfvariablen dar.

2.2 SVM für linear nicht trennbare Klassen

Ein generelles Problem in der Musterklassifikation ist, daß oftmals keine Trennhyperebene existiert. Um diesem entgegenzuwirken kann durch die Einführung
von Schlupfvariablen der Bereich entlang der Trennebene *aufgeweicht* werden,
was die Klassifikationsleistung dieses Modells gegenüber der optimalen Trennhyperebene weiter verbessert.
Die Schlupfvariable ξ sei durch

$$\xi_i \geq 0 \text{ mit } \qquad i = 1, .., \ell \tag{2.17}$$

definiert. Durch Einsetzen von ξ in die allgemeine Nebenbedingung (2.12) erhalten wir eine weniger stringente Nebenbedingung:

$$y_i((\mathbf{z}_i \cdot \mathbf{w}) + b) \geq 1 - \xi_i \text{ mit } \qquad i = 1, .., \ell. \tag{2.18}$$

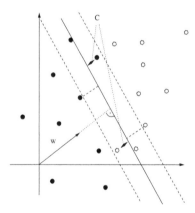

Abbildung 2.4: Linear nicht separierbare Klassenmengen.

Mit der strukturellen Risikominimierung (1.5) kann nun die Formel der optimalen Trennhyperebene (2.6) mit den Nebenbedingungen (2.17) und (2.18)
zu

$$\tau(\mathbf{w}, \xi) = \frac{1}{2} \|\mathbf{w}\|^2 + C \sum_{i=1}^{\ell} \xi_i \tag{2.19}$$

erweitert werden. Durch diese ist es möglich, Fehler, die bei einem Trainings-vorgang auftreten, zu kompensieren. Der Gewichtsvektor, der die Trennhyper-bebene charakterisiert, definiert sich analog zu dem des linear trennbaren Fall (2.10):

$$\mathbf{w} = \sum_{i=1}^{\ell} \alpha_i y_i \mathbf{z}_i. \tag{2.20}$$

Die Minimierung der Norm des Gewichtsvektors $\mathbf{w}$ entspricht der Minimierung der VC-Dimension, und somit der Minimierung des Konfidenzintervalls aus der strukturellen Risikominimierung (1.5). Mit der Minimierung des zweiten Terms wird, entsprechend der strukturellen Risikominimierung, das empirische Risiko minimiert. Mit der positiven Konstante C wird ein Parameter eingeführt, der das Verhältnis der beiden Terme zueinander bestimmt. Dieser Ansatz stellt, wie zu leicht zu sehen ist, eine Implementierung der strukturellen Risikominimierung dar. Um diese Optimierungsaufgabe durch quadratische Programmierung lösbar zu machen, wird das Problem wieder in ein duales Optimierungsproblem umgewandelt.

Maximiere

$$W(\boldsymbol{\alpha}) = \sum_{i=1}^{\ell} \alpha_i - \frac{1}{2} \sum_{i,j=1}^{\ell} \alpha_i \alpha_j y_i y_j (\mathbf{z}_i \cdot \mathbf{z}_j) \tag{2.21}$$

wobei die Schlupfvariable nun in Form des Parameters C in die Nebenbedin-gungen mit einfließt. Dies ergibt die Nebenbedingungen:

$$0 \le \alpha_i \le C \text{ mit } \qquad i = 1,..,\ell, \tag{2.22}$$

und

$$\sum_{i=1}^{\ell} \alpha_i y_i = 0, \tag{2.23}$$

unter denen das duale Optimierungsproblem gelöst wird. Dank dieser Erwei-terung müssen die Punkte nicht mehr zwingend auf der *richtigen* Seite ei-ner Trennebene liegen, da man explizit Fehler zuläßt. Für den Fall, daß ein Punkt auf der *falschen* Seite liegt, wird seinem Lagrange Multiplikator der ma-ximale erlaubte Wert des Parameters C zugeordnet. Trainingspunkte, die von der Schlupfvariablen abgefangen werden, sind automatisch Support Vektoren. Durch ihre Lage kann der entsprechende Koeffizient nicht minimiert werden, somit entspricht ihr Koeffizient der oberen Schranke C aus (2.22). Die Genera-lisierungsleistung ist stark davon abhängig, inwieweit die Trainingsmengen sich überlappen. Wenn der Überlappungsbereich zu groß ist, kann nicht garantiert werden, daß die errechnete Trennebene gut generalisiert.

Mit der Einführung von Schlupfvariablen ist jedoch noch nicht die volle Lei-stungsfähigkeit von Support Vektor Maschinen erreicht. Durch eine nichtlineare Abbildung in einen höherdimensionalen Raum können Klassifikationsprobleme gelöst werden, für die eine lineare Lösung nicht existiert, und bei denen Schlupf-variablen nicht zu einer ausreichenden Generalisierungsleistung führen.

2.3 Definition von Kernfunktionen

Bevor der Begriff der Kernfunktion eingeführt wird, soll hier die einfachste Möglichkeit einer Abbildung in eine höhere Dimension erläutert werden.

Um eine Lösung eines Klassifikationsproblems zu erlangen, das im Raum $\mathbb{R}^N$ nicht trennbar ist, kann eine Abbildung in einen höherdimensional Raum $\mathbb{R}^{N+z}$ durchgeführt werden, ohne die Abbildung Φ explizit zu berechnen. Die Menge der Merkmale sei $\mathbf{z} \in \mathbb{R}^N$. Mit

$$z_{j_1} \cdot .. \cdot z_{j_d}. \tag{2.24}$$

sei die Abbildung in einen höherdimensionalen Raum definiert, mit $z_{j_1} \cdot .. \cdot z_{j_d} \in \{1, .., N\}$. Für den einfachen Fall einer Projektion aus $\mathbb{R}^2$ in $\mathbb{R}^3$ ergibt sich die nichtlineare Abbildung:

$$\Phi : \mathbb{R}^2 \to \Lambda = \mathbb{R}^3 \tag{2.25}$$

$$(z_1, z_2) \mapsto (z_1^2, z_2^2, z_1 z_2). \tag{2.26}$$

Wie an diesem Beispiel leicht zu sehen ist, wird diese Methode bei größeren Datensätzen schnell sehr rechenintensiv und platzaufwendig. Für eine N-dimensionale Beispielmenge existieren in der Zielmenge

$$N_\Lambda = \frac{(N + d - 1)!}{d!(N - 1)!} \tag{2.27}$$

verschiedene Produktterme.

Durch die Verwendung von Kernfunktionen kann die Berechnung des Skalarproduktes $(\Phi(z) \cdot \Phi(y))$ im Eingaberaum $\mathbb{R}^N$ durchgeführt werden. Um das Prinzip einer Kernfunktion zu verdeutlichen, führen wir folgende Notation ein:

$$k(z, y) = (\Phi(z) \cdot \Phi(y)). \tag{2.28}$$

Das folgende Beispiel verdeutlicht das Prinzip anhand einer polynomiellen Kernfunktion des Grades 2 mit zwei Merkmalsvektoren aus dem Merkmalsraum $\mathbb{R}^N$: Gegeben sei die Abbildung

$$C_2 : (z_1, z_2) \mapsto (z_1^2, z_2^2, z_1 z_2, z_2 z_1) \tag{2.29}$$

mit den inneren Produkten

$$(C_2(\mathbf{z}) \cdot C_2(\mathbf{y})) = (z_1^2 y_1^2 + z_2^2 y_2^2 + 2 z_1 z_2 y_1 y_2) = (\mathbf{z} \cdot \mathbf{y})^2 \tag{2.30}$$

Durch explizites Ausrechnen läßt sich die Verallgemeinerung der vorige Annahme beweisen.

Beweis:

$$
\begin{aligned}
(C_d(\mathbf{z}) \cdot C_d(\mathbf{y})) &= \sum_{j_1,\dots,j_d=1}^{N} z_{j_1} \cdots z_{j_d} \cdot y_{j_1} \cdots y_{j_d} \\
&= \left(\sum_{j=1}^{N} z_j \cdot y_j \right)^d = (\mathbf{z} \cdot \mathbf{y})^d
\end{aligned}
\tag{2.31}
$$

$\square$

Da bei der vorgestellten Abbildung Produktterme mehrmals auftreten können (z.Bsp.: $x_1 x_2$ und $x_2 x_1$), muß eine Skalierung vorgenommen werden. Die skalierte Abbildung des vorigen Beispieles lautet dann:

$$
\Phi_2 = (z_1^2, z_2^2, \sqrt{2} z_1 z_2).
\tag{2.32}
$$

Aus den in diesem Abschnitt gemachten Annahmen und dem Beweis läßt sich die allgemeine Form einer polynomiellen Kernfunktion definieren:

$$
(\Phi(\mathbf{z}) \cdot \Phi(\mathbf{y})) = (C_d(\mathbf{z}) \cdot C_d(\mathbf{y})) = (\mathbf{z} \cdot \mathbf{y})^d.
\tag{2.33}
$$

Die Wirkungsweise einer Abbildung in einen höherdimensionalen Raum ist in Abbildung (2.5) illustriert.

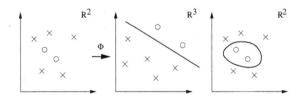

Abbildung 2.5: Lösung einer Klassifikationsaufgabe durch Projektion in einen höherdimensionalen Raum.

Es stellt sich die Frage, welche Funktionen sich als Kernfunktionen eignen, also welche Funktion k entspricht einem Skalarprodukt in einem anderen Raum F. Dieses Problem wurde unter anderem von Vapnik in [Vap95] diskutiert. Um eine Abbildung Φ durch eine Kernfunktion zu generieren, muß k Mercer's Theorem der Funktionalanalysis [Vap98] erfüllen.

Mercer's Theorem:

> Wenn k eine stetige und symmetrische Kernfunktion eines positiven Integraloperators K ist,
>
> $$(Kf)(\mathbf{y}) = \int_C k(\mathbf{z}, \mathbf{y}) f(\mathbf{z}) d\mathbf{z} \qquad (2.34)$$
>
> und
>
> $$\int_C \int_C k(\mathbf{z}, \mathbf{y}) f(\mathbf{z}) f(\mathbf{y}) d\mathbf{z} d\mathbf{y} \geq 0, \qquad (2.35)$$
>
> mit $\forall f \in L_2(C)$ (C ist eine kompakte Teilmenge des $\mathbb{R}^N$) gilt, dann kann die Kernfunktion k in eine konvergierende Reihe aus Eigenfunktionen und Eigenwerten erweitert werden:
>
> $$k(\mathbf{z}, \mathbf{y}) = \sum_{j=1}^{N_f} \lambda_j \psi_j(\mathbf{z}) \psi_j(\mathbf{y}), \quad N_f \leq \infty \qquad (2.36)$$

Mit diesem Term läßt sich eine einfache Abbildung Φ in einen unendlich dimensionalen Raum konstruieren:

$$\Phi : \mathbf{z} \mapsto \left(\sqrt{\lambda_1} \psi_1(\mathbf{z}), \sqrt{\lambda_2} \psi_2(\mathbf{z}), .. \right). \qquad (2.37)$$

Definition:

> Falls k eine stetige Kernfunktion eines positiven Integraloperators ist, so kann eine Abbildung Φ gefunden werden, die sich im Abbildungsraum wie ein Skalarprodukt verhält:
>
> $$(\Phi(\mathbf{z}) \cdot \Phi(\mathbf{y})) = k(\mathbf{z}, \mathbf{y}). \qquad (2.38)$$

Mit den hier gezeigten Möglichkeiten, nichtlineare Abbildungen in höherdimensionalen Räumen durchzuführen, sind die Grundlagen für Kernfunktionen und damit für nichtlineare Support Vektor Maschinen gelegt. Zusätzlich zu der hier vorgestellten polynomiellen Kernfunktion werden im nächsten Kapitel weitere Funktionen vorgestellt, die Mercer's Theorem genügen.

2.4 Nichtlineare Support Vektor Maschinen

Durch die Einführung von Kernfunktionen in das quadratische Optimierungsproblem werden die Support Vektor Maschinen für nichtlinear trennbare Probleme zu nichtlinearen SVM erweitert. Das angepaßte quadratische Optimierungsproblem lautet dann:

Maximiere

$$W(\alpha) = \sum_{i=1}^{\ell} \alpha_i - \frac{1}{2} \sum_{i,j=1}^{\ell} \alpha_i \alpha_j y_i y_j k(\mathbf{z}_i, \mathbf{z}_j) \qquad (2.39)$$

unter den Nebenbedingung

$$0 \le \alpha_i \le C, \qquad i = 1,..,\ell, \qquad (2.40)$$

und

$$\sum_{i=1}^{\ell} \alpha_i y_i = 0. \qquad (2.41)$$

Die hier verwendeten Kernfunktionen sind den vorgestellten Architekturen der Musterklassifikation entlehnt. Hier sollen nun polynomielle, neuronale und Radiale Basisfunktionen als Kernfunktionen vorgestellt werden.

Polynomielle Kernfunktion des Grades d:

$$k(\mathbf{z}, \mathbf{z}_i) = ((\mathbf{z} \cdot \mathbf{z}_i) + 1)^d \qquad (2.42)$$

Neuronale Kernfunktion: Diese Kernfunktion ist der Aktivierungsfunktion von Multi-Layer-Perzeptron Netzen nachempfunden. Ein Nachteil dieser Funktion ist, daß sie nicht für alle Parameterkonstellationen das Mercer Theorem erfüllt ([Vap95]):

$$k(\mathbf{z}, \mathbf{z}_i) = \tanh(\kappa \cdot (\mathbf{z} \cdot \mathbf{z}_i) + \Theta) \qquad (2.43)$$

Radiale Basisfunktion: Für bestimmte Radiale Basisfunktionen sind die Bedingungen des Mercer Theorems erfüllt.

$$k(\mathbf{z}, \mathbf{z}_i) = \exp\left(-\frac{\|\mathbf{z} - \mathbf{z}_i\|^2}{\sigma^2}\right) \qquad (2.44)$$

Das Verhalten von RBF-Netzen und RBF-Support Vektor Maschinen unterscheidet sich in der Wahl der Prototypen. RBF-Netze wählen Punkte aus dem Eingaberaum, die gut generalisieren, aber nicht zur Trainingsstichprobe gehören. Die Zahl der Prototypen wird bei diesen durch den Benutzer oder durch eine Heuristik festgelegt.

Support Vektor Maschinen mit RBF-Kernfunktionen wählen Punkte aus der Trainingsmenge aus, die am Rand ihrer Klasse liegen. Die Anzahl der Prototypen wird durch den SVM-Algorithmus bestimmt, und ist nur durch die Parameterwahl beeinflußbar. Die weiteren Untersuchungen in dieser Diplomarbeit wurden verstärkt mit der hier vorgestellten RBF-Kernfunktion durchgeführt.

Zur Berechnung des Parameters b werden nur Support Vektoren verwendet, die nicht an die obere Schranke C stoßen. Diese sind folgedessen nicht durch

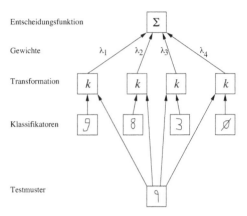

Abbildung 2.6: Schematische Darstellung einer nichtlinearen Support Vektor Maschine zur Zifferklassifikation.

den Einsatz der Schlupfvariablen ξ in die Menge der Support Vektoren gelangt. Der Parameter berechnet sich dann durch eine Mittelung über alle Support Vektoren mit:

$$b = y_j - \sum_{i=1}^{\ell} y_i \alpha_i \cdot k(\mathbf{z}_j, \mathbf{z}_i). \tag{2.45}$$

Die Entscheidungsfunktion ist zu den bisher vorgestellten Modellen von Support Vektor Maschinen identisch, und wird mit der Erweiterung durch die Kernfunktion durch den Term

$$f(\mathbf{z}) = \operatorname{sgn}\left(\sum_{i=1}^{\ell} y_i \alpha_i \cdot k(\mathbf{z}, \mathbf{z_i}) + b\right). \tag{2.46}$$

bestimmt.

In Abbildung (2.6) ist ein Klassifikationsvorgang zu sehen. Ein Testmuster wird den binären SVM präsentiert. Diese berechnen jeweils die Aktivierung durch das gegebene Testmuster, und vergleichen diese mit trainierten Werten. Die Support Vektor Maschine die mit der höchsten Aktivierung antwortet, repräsentiert mit der größten Wahrscheinlichkeit die Klasse des gegebenen Beispiels.

2.4.1 Betrachtung des Bias

Federico Girosi [Gir97] hat aufgrund der Tatsache, daß für bestimmte Abbildungsfunktionen eine der Abbildungen ϕ_n aus Φ konstant ist, vorgeschlagen, den Bias b aus dem Optimierungsproblem und der Entscheidungsregel zu entfernen. Daß die Lösung des Optimierungsproblem, falls die Kernfunktion tatsächlich eine konstante Abbildung enthält, gleichwertig zu der bisherigen Definition des Optimierungsproblems ist, soll folgende Rechnung verdeutlichen: Seinen die Koeffizienten λ_i als Produkt der Lagrange Multiplikatoren α_i mit dem Klassenmerkmalen y_i definiert:

$$f(x) = \sum_{i=1}^{\ell} \lambda_i k(x, x_i) + b \qquad (2.47)$$

$$k(x, x_i) = \sum_{j=0}^{\infty} b_j \Phi_j(x) \Phi_j(x_i)$$

$$\exists j^* \text{ mit } \Phi_{j^*} = \text{konst. o.E. } j^* = 0 \text{ und } \Phi_0 = 1$$

Dann gilt:

$$k(x, x_i) = \sum_{j=1}^{\infty} b_j \Phi_j(x) \Phi_j(x_i) + b_0$$

$$f(x) = \sum_{i=1}^{\ell} \lambda_i \left[\sum_{j=1}^{\infty} b_j \Phi_j(x) \Phi_j(x_i) + b_0 \right]$$

$$= \sum_{j=1}^{\infty} \underbrace{\sum_{i=1}^{\ell} \lambda_i b_j \Phi_j(x_i)}_{A_j} \Phi_j(x) + b_0 \underbrace{\sum_{i=1}^{\ell} \lambda_i}_{A_0}$$

$$= \sum_{j=1}^{\infty} A_j \Phi_j(x) + A_0 \qquad (2.48)$$

Wobei $\lambda_i = \alpha_i y_i$ gilt.

Falls die Kernfunktion einen implizten Bias enthält [Gir97], ist es möglich, auf die Gleichheitsnebenbedingung (2.9) und somit auf den Parameter b zu verzichten, da die Nebenbedingung in den Term (2.48) als A_0 eingeflossen ist. Die Nebenbedingung wird in obiger Rechnung durch A_0 aufgenommen. Dies führt auch zu einer etwas modifizierten Entscheidungsfunktion:

$$f(\mathbf{z}) = \text{sgn} \left(\sum_{i=1}^{\ell} y_i \alpha_i \cdot k(\mathbf{z}, \mathbf{z_i}) \right) \qquad (2.49)$$

Der Parameter b wurde durch die Optimierung *mitgelernt* und kann somit auch aus der Entscheidungsfunktion weggelassen werden.

Der Nachweis der Gültikeit dieser Vereinfachung wurde von Girosi für polynomielle und MLP Kernfunktionen erbracht. Eine ausführliche Betrachtung von RBF-Kernfunktionen fehlt bis dato noch. Im Rahmen dieser Arbeit wurde das Modell einer Support Vektor Maschine mit RBF-Kernfunktion und impliziten Bias getestet. Die Ergebnisse sprechen für die Gültigkeit der Vereinfachung, doch ist eine genauere theoretische Betrachtung noch vonnöten.

Kapitel 3

Quadratische Optimierung

Der quadratische Teil des dualen Optimierungsproblems kann durch standard-Otimierungsverfahren gelöst werden. Hierzu bieten sich quadratische Optimierer wie z.b. LOQO, MINOSS und die NAG Library an. Bei der vorliegenden Implementierung einer nichtlinearen SVM wurde das Optimierungspaket der *Numerical Algorithms Group* NAG C-Library Mark 4 verwendet. Die Routine nag_opt_qp stellt Optimierungsalgorithmen für quadratische Optimierungsprobleme der Klasse

$$\underset{\text{minimiere}}{f(z)_{z\in\mathbb{R}^n}} \quad \text{mit} \quad l \le \left\{ \begin{matrix} z \\ Az \end{matrix} \right\} \le u \tag{3.1}$$

zur Verfügung. Wobei l für die untere und u für die obere Schranke stehen. A beschreibt eine quadratische Matrix und z den Zielvektor. Die einzelnen Klassen quadratischer Programmierung, die durch den verwendeten Teil der Library abgedeckt werden, sind in in Tabelle (3.1) zu sehen.

Problem Typ	$F(z)$	Matrix H
FP		nicht belegt
LP	$c^T z$	nicht belegt
QP1	$\frac{1}{2} z^T H z$	symmetrisch
QP2	$c^T z + \frac{1}{2} z^T H z$	symmetrisch
QP3	$\frac{1}{2} z^T H^T H z$	$m \times n$, obere Dreiecksmatr.
QP4	$c^T z + \frac{1}{2} z^T H^T H z$	$m \times n$, obere Dreiecksmatr.

Tabelle 3.1: Optimierklassen.

Die Optimierung der Lagrange Multiplikatoren wurde mit der Funktion QP2 (siehe Tabelle 3.1) durchgeführt. Die Maximierung des Ausdruckes (2.13) muß zur Anwendung dieser Bibliotheksfunktion in ein Minimierungsproblem umgewandelt werde. Dies geschieht durch ein einfaches Umkehren der Vorzeichen.

Minimiere

$$W(\alpha) = \frac{1}{2} \sum_{i,j=1}^{\ell} \alpha_i \alpha_j y_i y_j (\mathbf{z}_i \cdot \mathbf{z}_j) - \sum_{i=1}^{\ell} \alpha_i \qquad (3.2)$$

mit den Nebenbedingungen (2.22) und (2.23). Da die Matrix H quadratisch mit der Anzahl von Trainingsbeispielen wächst, können realistische Klassifikationsaufgaben nicht in einem großen Optimierungsvorgang gelöst werden. Als Ausweg aus dieser Situation bietet sich ein Dekompositionsalgorithmus an, der es ermöglicht, aus *kleinen* Teilproblemen die Gesamtlösung zu berechnen.

3.1 Dekomposition

Da der Datensatz vieler realer Klassifikationsprobleme sehr umfangreich ist, und somit das Optimierungsproblem sehr groß wird, muß ein Dekompositionsalgorithmus eingesetzt werden. Dieser ermöglicht es durch Lösen von kleinen Teilproblemen die Gesamtlösung zu berechnen.

Aus der Literatur sind drei Dekompositionsalgorithmen bekannt:

Chunking: Das von Vapnik in [Vap95] vorgestellte Verfahren geht von einer vorgegebenen Chunkgröße aus. Die errechneten Support Vektoren werden durch die ganze Berechnung hindurch mitgeführt. Der Chunk wächst also mit dem Fortschreiten der Optimierung an, was zu Problemen bei Klassifikationsaufgaben führt, die keine spärliche Support Vektor Menge erwarten lassen.

Osuna's Dekompositionsalgorithmus: Osuna [OFG97] geht von einer fixen Matrixgröße aus. Die Gesamtlösung wird durch Austauschen von Matrixelementen berechnet. Vorteil dieses Verfahrens ist die konstante Größe der quadratischen Matrix. Der Hauptnachteil liegt im benötigten Reklassifikationstest der errechneten Vektoren, der zur Überprüfung der errechneten Multiplikatoren durchgeführt werden muß. Die Gleichwertigkeit der zusammengefaßten Lösung aus Teilproblemen, und der aus der Gesamtdatenmenge gewonnenen Support Vektoren wurde von Osuna im oben genannten Text bewiesen.

Sequential Minimal Optimization (SMO): John C. Platt [Pla98] beschreitet einen neuen Weg. Er hat einen Optimierer entwickelt, der nur die Multiplikatoren eines Punktepaars betrachtet, und diese anhand der Kuhn Tucker Nebenbedingung optimiert. Sukzessiv wird so die Gesamtlösung mit diesen minimalen *Chunks* des gegebenen dualen Problems erstellt. Bei wenig erwarteten Support Vektoren ist dieses Verfahren den klassischen Optimierungsalgorithmen überlegen. Wird die Zahl der Vektoren jedoch sehr groß, so steigt der Aufwand unproportional stark an. Der Grund dafür liegt in der Testklassifikation der errechneten Werte nach jedem Optimierungsschritt. Da hier nur Punktepaare betrachtet werden, ist die

Anzahl von Testklassifikationen sehr viel höher als beim Verfahren von Osuna.

Die Implementierung des Dekompositionsverfahrens beruht auf Vapniks Vorschlag. In der Anfangsphase der Optimierung werden bereits berechnete Support Vektoren vollständig mitgeführt. Im ungünstigen Fall konvergiert die Matrix gegen die maximal verfügbare Matrixgröße. Ist dieser Fall eingetreten, wird kein globales Minimum gefunden. Zur weiteren Berechnung könnte nun Osunas Prinzip eingesetzt werden und ein Teil der bereits berechneten Support Vektoren ausgetauscht werden. Diese Erweiterung wurde jedoch bislang nicht getestet. Abbildung (3.1) soll das implementierte Verfahren verdeutlichen.

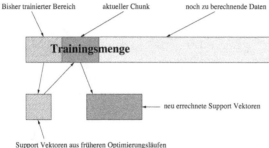

Abbildung 3.1: Aufteilung der Gesamtdatenmenge in Chunks.

Der implementierte Dekompositionsalgorithmus wurde durch Testläufe ohne Dekomposition verifiziert. Da das Gesamtproblem bei dem verwendeten Zifferndatensatz (10000 Testvektoren der Dimension 256) in etwa 1.5 Gigabyte groß wird (vom Optimierer werden die Variablen als double verwendet), ist es mit durchschnittlichen Computern nicht praktikabel lösbar. Zur Überprüfung kam eine Sun-Ultra Enterprise mit zehn Prozessoren und 3.5 Gigabyte Hauptspeicher zum Einsatz. Für die Anwendung der Trainingsphase mit Dekompositionsalgorithmus ist eine Sun-Ultra 1 mit 32 MB ausreichend.

Kapitel 4

Multiklassen Diskriminierung

Mit den bisher vorgestellten Formalismen ist es nur möglich, Zweiklassenprobleme zu lösen. Die Erweiterung zur Lösung von Multiklassenproblemen wurde durch eine sinnvolle Kombination von Zweiklassenentscheidern erreicht. Zur Transformation einer Multiklassen-Menge in eine Menge von binären Mengen gibt es zwei Möglichkeiten, die im folgendem Abschnitt beschrieben werden.

Damit ein Zusammenspiel der daraus entstandenen Klassifikatoren möglich wird, muß eine Nachverarbeitung verwendet werden. Hierbei wird über eine Entscheidungsfunktion festlegt, welcher Klasse das vorliegende Testbeispiel mit der größten Wahrscheinlichkeit angehört.

4.1 Generierung von Multiklassen Klassifikatoren

Es existieren zwei grundlegende Ansätze der Extrahierung binärer Klassifikatoren, die in diesem Abschnitt vorgestellt werden sollen.

$[A \mid A^c]$: Es werden nacheinander alle Klassen gegen ihre Komplementmenge trainiert. Ein Vorteil dieses Verfahren ist, daß nur soviele Klassifikatoren generiert werden, wie Klassen vorliegen. Jeder Klassifikator erhält das gesamte Wissen der Trainingsmenge und sollte somit in der Lage sein, *sicher* gegebene Testbeispiele zuzuordnen.

$[A \mid B, A \mid C, .., A \mid \mathbf{X}]$: Bei dieser Art die Trainingsmenge auszuwählen, erhält man im Vergleich zum vorigen Verfahren wesentlich mehr Klassifikatoren. Sei Ω die allgemeine Klassenmenge: $\binom{\Omega}{2} = \frac{\Omega(\Omega-1)}{2}$.
Die Generalisierungsleistung dieser Klassifikatoren ist im Vergleich zur Komplementklassifikation identisch. Testbeispiele, die zu keiner dem Klassifikator bekannten Klasse gehören, müßten bei einem Zielfunktionsintervall von $[-1..1]$ bei 0 liegen.

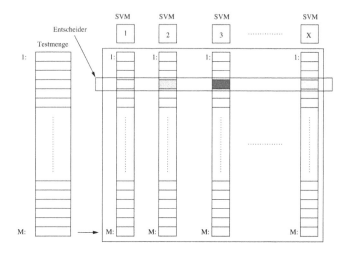

Abbildung 4.1: Aufbau einer Multiklassen Support Vektor Maschine.

4.2   Multiklassen Entscheider

Damit aus den einzelnen binären Klassifikatoren Rückschlüsse auf die Bedeutung eines Testmerkmals im gesamten Testraum gemacht werden können, muß
das Ergebnis jedes Klassifikators bewertet werden. Die Bewertung der Klassifikatoren wird von einem Entscheider durchgeführt. Dieser vergleicht die Werte
der jeweiligen Entscheidungsfunktionen und fällt eine *sinnvolle* Schätzung über
die Zugehörigkeit des Testbeispieles. In diesem Abschnitt sollen nun einige Methoden vorgestellt werden, mit denen die Entscheidungsfindung durchgeführt
werden kann. Die einzelne Entscheidungsfunktion, die die Netzausgabe liefert,
ist bei den Multiklassenentscheidern durch:

$$f(\mathbf{z}) = \sum_{i=1}^{\ell} \alpha_i y_i \cdot k(\mathbf{z}, \mathbf{z}_i) \qquad (4.1)$$

gegeben. Sie wird entsprechend der unten vorgestellten Kombinationskriterien
eingesetzt.

Maximum Argument: Die Entscheidung, welche Klasse dem Testbeispiel zugeordnet wird, ist bei diesem Verfahren von der maximalen Netzausgabe,
und dem Wert der jeweiligen Entscheidungsfunktion des einzelnen Klassifikators, abhängig. Das Ergebnis der j-ten Support Vektor Maschine ist
durch die Entscheidungsfunktion $f_j(\mathbf{z})$ definiert. Bei Klassifikatoren, de-
ren Entscheidungsfunktion über das Training einer Klassenmenge gegen

das Komplement gelernt wurde, kann die Klasse über

$$\omega_j = \text{argmax}(fjj(\mathbf{z})) \qquad (4.2)$$

ermittelt werden. Bei Verwendung der paarweisen Klassenunterscheidung $[A \mid B]$ wird der Absolutwert des maximalen Argumentes betrachtet:

$$\omega_A = \text{argmax}(\mid f_j(\mathbf{z}) \mid) \qquad (4.3)$$
$$\omega_B = \text{argmax}(\mid -f_j(\mathbf{z}) \mid).$$

Hierbei muß man sich das Vorzeichen der einzelnen Netzantworten merken, damit auf die Klasse zurückgeschlossen werden kann.

Histogramm Entscheidung: Bei Paarklassifikatoren kann über einen Abstimmungsmechanismus die Gewinnerklasse ermittelt werden. Die Entscheidung wird für die Klasse gefällt, die am häufigsten aktiviert war, vgl. (4.2(a)). In der Literatur wird dieses Verfahren häufig mit *Plurality Vote*, (PV) bezeichnet:

$$\omega_j = \text{argmax}_{j=1,..,k} g_j(\mathbf{z}), \quad \text{wobei } g_j(\mathbf{z}) = \sum_{i=1}^{\ell} \text{sgn} f_j(\mathbf{z}). \qquad (4.4)$$

Gewichtetes Histogramm: Abweichend vom einfachen Histogramm wird hier nicht nur der Gewinn gezählt, sondern die Netzausgabe der jeweiligen Entscheidungsfunktion aufsummiert (Abbildung (4.2(b))):

$$\omega_j = \text{argmax}_{j=1,..,k} g_j(\mathbf{z}), \quad \text{wobei } g_j(\mathbf{z}) = \sum_{i=1}^{\ell} f_j(\mathbf{z}). \qquad (4.5)$$

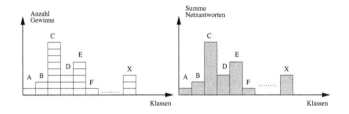

(a) Histogramm über die Siegerklassen.

(b) Gewichtetes Histogramm über die Siegerklassen.

Kapitel 5

Ergebnisse und Diskussion

Mit den vorangegangenen Kapiteln wurden die theoretischen Grundlagen geschaffen, die der Implementierung einer Multiklassen Support Vektor Maschine zugrunde lagen. Die implementierte Multiklassen Support Vektor Maschine wurde mit einem Zifferndatensatz, der uns freundlicherweise vom Daimler-Benz Forschungszentrum zur Verfügung gestellt wurde, getestet. Die zusätzliche Vorverarbeitung bestand aus einer z-Transformation, welche später noch beschrieben wird. Zunächst soll jedoch der Zifferndatensatz genauer betracht werden.

5.1   Der Zifferndatensatz

Die Grundlage der folgenden Testläufe war ein Zifferndatensatz, der aus einer Menge von 10000 Trainings und 10000 Testvektoren besteht. Die Ziffern wurden aus einer 16 x 16-großen Matrix in einen 256-dimensionalen Vektor transformiert. Die einzelnen Elemente dieses Vektors bestehen aus Zahlenwerten, die eine Grauwertkodierung repräsentieren, bei der 0 für weiß und 255 für schwarz steht (siehe Abbildung (5.1)). Der Ursprung dieser Grauwertkodierung liegt in den Vorverarbeitungen der Originaldaten. So wie der Datensatz vorliegt, ist er bereits scherungsnormiert, größennormiert und strichdickennormiert. Vor der eigentlichen Trainings- bzw. Testphase wurde eine Mittelwertbereinigung durch die unten erläuterte z-Transformation durchgeführt. Zusätzlich wurde die Auswirkung einer Hauptkomponentenanalyse (PCA) auf die Klassifikationsergebnisse untersucht.

5.2   Vorverarbeitung

5.2.1   Die z-Transformation

Um die Verteilung der Datenpunkte im Merkmalsraum zu homogenisieren, und um die Optimierung zu vereinfachen, wurden die Zifferndatensätze z-

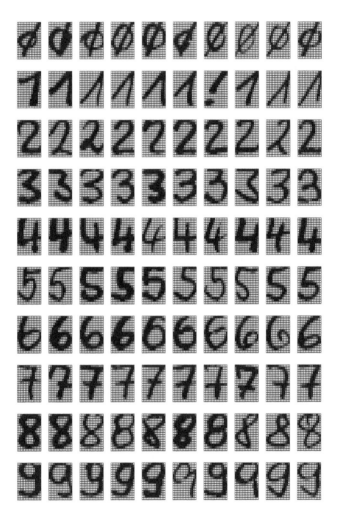

Abbildung 5.1: Auszug aus dem Zifferndatensatz im Originalformat.

transformiert. Durch die z-Transformation wird eine Mittelwertsbereinigung durchgeführt. Sie verkürzt die Abstände der Vektoren zueinander, was eine geringere Anzahl benötigter Iterationen bei der Optimierung zufolge hat. Desweiteren sorgt die z-Transformation dafür, daß zwei Populationen besser verglichen werden können, da *irrelevante* Informationen aus dem Datensatz entfernt wurden.

Der Mittelwert eines Datenpunktes ist durch $\bar{x}$ definiert:

$$\bar{x} = \sum_{i=1}^{n} \frac{x_i}{n}, \tag{5.1}$$

und die Standardabweichung s_i durch

$$s_i = \sqrt{\frac{\sum_{i=1}^{n}(x_i - \bar{x})^2}{n}}. \tag{5.2}$$

Mit diesen Werten läßt sich nun die z-transformierte z_i jedes Datenpunktes berechnen:

$$z_i = \frac{x_i - \bar{x}}{s_i} \tag{5.3}$$

Ein Auszug der mittelwertsbereinigten Daten ist in Abbildung (5.2) zu sehen.

5.2.2 Principal Components Analysis (PCA)

Die PCA, oder auch Hauptkomponentenanalyse ([Hay94],[Roj91]) genannt, ist ein Verfahren mit dem die Dimensionalität von Merkmalsdaten verringert werden kann. Es werden die Dimensionen eleminiert, die eine geringere Varianz aufweisen. Eine geringe Varianz zeigt an, daß sich in der entsprechenden Dimension Punkte nur wenig voneinander unterscheiden. Daraus läßt sich folgern, daß der Informationsgehalt bezüglich dieser Dimension nur gering ist. Eine Reduktion der Dimensionen verändert, im richtigen Maß angewendet, somit die Gesamtcharakteristik der Datenmenge nur gering. Ein Informationsverlust ist nur vorhanden, wenn zwei Punkte durch dieselbe Projektion repräsentiert werden. Mit dem folgenden *informaellen* Algorithmus kann eine Datenreduktion durchgeführt werden.

Die erste Hauptkomponente $\mathbf{w}$ einer Menge aus n-dimensionalen Eingabevektoren aus $\mathbf{z}_1, .., \mathbf{z}_m$ ist ein n-dimensionaler Vektor, der den Mittelwert von $\mid \mathbf{w} \cdot \mathbf{z_i} \mid^2$ mit $i = 1, .., m$, maximiert. Die nächste Hauptkomponente läßt sich berechnen, indem von jedem Vektor $\mathbf{z}_i$ die Projektion auf die erste Hauptkomponente subtrahiert wird, und auf dem Ergebnis wieder die erste Haupkomponente bestimmt wird. Die folgende Hauptkomponente wird berechnet, indem die Projektion der ersten und der zweiten Hauptkomponente wiederum subtrahiert werden und die Hauptkomponente aus den verbliebenen Daten bestimmt wird. Für jede weitere Komponente wird das Verfahren iterativ erweitert.

Die berechneten Hauptkomponenten bilden den neuen reduzierten Raum der Eingabedaten.

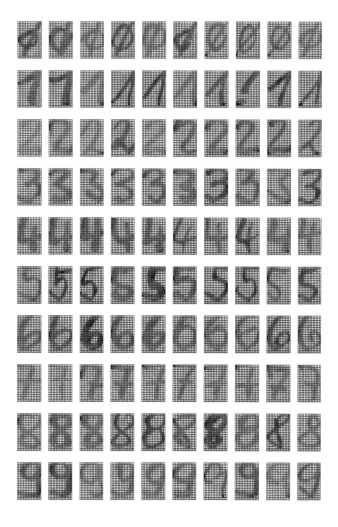

Abbildung 5.2: Auszug aus dem z-transformierten Zifferndatensatz.

In Abbildung (5.3(a)) ist eine Punktmenge zu sehen, die eine sehr ausgeprägte
Varianz entlang der ersten Hauptdiagonalen aufweist. Die Betrachtung der ersten zwei Hauptkomponenten (5.3(b)) zeigt eine homogene Verteilung der Datenpunkte, und somit eine bessere Repräsentation der Menge in der Ebene.

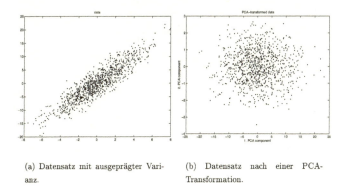

(a) Datensatz mit ausgeprägter Vari-   (b) Datensatz nach einer PCA-
anz.   Transformation.

5.3 Komplement Klassifikation

In Tabelle (5.1) sind Testergebnisse für nicht PCA und für PCA transformierte
Daten zu sehen. Die Dimensionalität der PCA-Daten wurde von ursprünglich
256 auf 40 Hauptkomponenten reduziert. Die Laufzeiten des vollständigen Tests
(Trainings- & Testphase) reduzierten sich auf den Mittelwert von 4:15 Stunden.
Die Testläufe mit nur z-transformierten Daten nahmen etwa 12 bis 15 Stunden
in Anspruch. Alle Zeiten beziehen sich auf eine Sun Ultrasparc 1 (167 MHz, 64
MB Hauptspeicher), sind aber nur als relative Vergleichsmaße zu interpretieren,
da die Maschinen nicht exclusiv für Testläufe zur Verfügung standen. Da die
Klassifikationsleistung trotz der *Vereinfachung* des Datensatzes sich nicht we-
sentlich veränderte, wurde auf weitere Testläufe mit dem PCA-transformierten
Datensatz verzichtet.

Die wiederholten Testanordnungen wurden zur Kontrolle der numerischen Stabilität des Optimierungsverfahren durchgeführt. Die geringe Varianz läßt sich
durch mehrere Gegebenheiten erklären, die in sich greifen. Die Datensätze wurden immer zufallspermutiert eingelesen, hatten also bei jedem Testlauf eine
unterschiedliche Reihenfolge. Der Optimierer hat daraufhin geringfügig andere
Minima gefunden. Dadurch, daß die Abbruchbedingung des Optimierers größer
Null ist, wird die Stelle, an der der Iterationsvorgang abgebrochen wird, immer
um ein gewisses Maß variieren.

Die verwendete Kernfunktion unterscheidet sich von der im Theorieteil vorgestellten RBF-Kernfunktion, durch eine Normierung durch die Dimension des

Datensatzes:

$$k(\mathbf{z}, \mathbf{z}_i) = \exp\left(-\frac{\|\mathbf{z} - \mathbf{z}_i\|^2}{dim(\mathbf{z})\sigma^2}\right). \tag{5.4}$$

PCA	#SV	Testfehler
-	4246	1.41%
-	4230	1.45%
-	4216	1.38%
-	4142	1.37%
-	4193	1.32%
+	3948	1.42%
+	3911	1.45%

Tabelle 5.1: Komplementklassifikatoren mit RBF Kernfunktion.
Expliziter Bias, $\sigma^2 = 2.0$, $C = 100$.
Standardabweichung des Testfehlers:0.048.
Mittelwert des Testfehlers: 1.386.

σ^2	#SV	Testfehler
2.0	4216	1.38%
4.0	3412	1.62%

Tabelle 5.2: Komplementklassifikation mit RBF Kernfunktion und explizitem Bias.

Die Testreihe mit variiertem σ^2 mußte abgebrochen werden, da der verwendete Optimierer in Verbindung mit dem Dekompositionsverfahren von Vapnik an technische Grenze gestoßen ist. Ein Austauschmechanismus könnte das Problem lösen, doch konnte dieser zeitbedingt nicht mehr implementiert werden.

5.4   Paarweise Klassifikation

Hauptvorteil der paarweisen Kombination von Klassifikatoren ist der im Vergleich zur komplementären Klassifikation wesentlich geringere Optimierungsaufwand beim Erstellen der einzelnen Klassifikatoren. Es werden hier nur die Merkmale der betrachteten Klassen in den Optimierungsvorgang aufgenommen. Dies sorgt für eine sehr gute Klassifikationsleistung bezüglich den *bekannten* Klassen. Wird einem Paarklassifikator ein Testvektor präsentiert, der potentiell einer ihm unbekannten Klasse angehört, sollte er im Idealfall eine *neutrale* Antwort liefern.

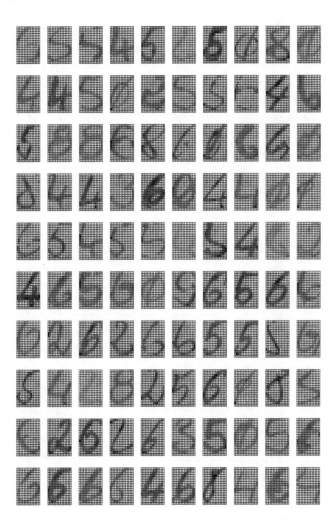

Abbildung 5.3: Auszug aus der Menge von Support Vektoren der Klasse 6 gegen 6^c, C=100, $\sigma^2 = 2.0$.

Da dies bei sehr ähnlichen Testmustern aber nicht immer der Fall ist, muß eine Strategie verwendet werden, die diesen Effekt kompensiert. Mechanismen, wie das zuvor besprochene Histogramm Verfahren, können die Falschzuordnung von Testbeispielen reduzieren. Es wurden bei dieser Form der Klassifikation wieder Tests bezüglich der Stabilität durchgeführt, siehe Tabelle (5.3). Als Kernfunktion kam wiederum die normierte Variante der RBF-Kernfunktion (5.4) zum Einsatz

#SV	6360	6422	6464	6394	6383	6421	6391
Testfehler	1.47%	1.48%	1.52%	1.46%	1.48%	1.47%	1.48%

Tabelle 5.3: Paarweise Klassifikation mit RBF Kernfunktion.

Expliziter Bias, $\sigma^2 = 2.0$, $C = 100$.

Standardabweichung des Testfehlers: 0.019.

Mittelwert des Testfehlers: 1.48.

Um die Charakteristik der Klassifikationsfehler zu veranschaulichen, kann eine Konfusionsmatrix erstellt werden, wie sie in Tabelle (5.4) zu sehen ist. Anhand dieser kann beobachtet werden, welcher Klassifikator auf bestimmte Testbeispiele versagt. Wie sich gezeigt hat, sind Verwechslungen zwischen den Ziffern 3, 9, 6 und 8 wegen der großen Ähnlichkeit relativ häufig. Verwechslungen zu anderer Ziffern sind eher selten.

Klassen	0	1	2	3	4	5	6	7	8	9
0	987	1	3	0	6	0	2	2	5	0
1	2	997	2	3	1	0	0	6	0	0
2	1	0	981	3	0	0	0	0	9	1
3	0	0	2	981	0	3	0	0	1	1
4	0	0	0	0	986	0	1	2	0	4
5	0	0	2	7	0	987	1	0	7	4
6	3	0	0	0	1	4	995	0	1	0
7	1	2	1	1	1	1	0	988	1	4
8	6	0	8	3	0	2	0	0	975	3
9	0	0	1	2	5	3	1	2	1	983

Tabelle 5.4: Konfusionsmatrix eines Testlaufes mit paarweisen Entscheidern für die Ziffern 0 bis 9.

Kernfunktion: RBF mit explizitem Bias b.

Testfehler 1.4%, $C = 100$, $\sigma^2 = 2.0$.

σ^2	#SV	#SV-eff.	Testfehler
0.6	18763	6170	1.27%
0.8	13428	3670	1.32%
1.0	10652	3572	1.34%
2.0	6431	3329	1.46%
4.0	4758	2686	1.75%

Tabelle 5.5: Paarweise Klassifikation mit RBF Kernfunktion und implizitem Bias.

Die Anzahl der Support Vektoren scheint sehr hoch. Wenn jedoch das mehrfache Vorkommen einzelner Vektoren mit einbezogen wird, bleiben z.b. bei dem zweiten Testlauf aus Tabelle (5.5) effektiv 3670 Support Vektoren übrig. Die effektive Anzahl an Support Vektoren wurden nur bei den aufgeführten Testläufen errechnet, da trotz dem Mehrfachvorkommen immer alle Werte bei der Klassifikation betrachtet werden müßen. Der Mehraufwand ließe sich nur durch eine kombinierte Fehlerfunktion reduzieren.

Anhand der Konfusionsmatrizen in Tabelle (5.4) und (5.6) kann die Leistung der SVM mit implizitem Bias mit der Leistungsfähigkeit der SVM mit explizitem Bias verglichen werden. Wie zu sehen ist, zeigen die Verwechslungsmatrizen identische Effekte bezüglich Fehlklassifikationen bestimmter, ähnlicher Ziffern. Die Testläufe mit explizitem Bias wurden zur Verifizierung des Vorschlages von Girosi [Gir97] durchgeführt. Der Testfehler lag bei beiden Modellen in identischen Intervallen.

Durch die Wahl der Parameter kann die Klassifikationsleistung entscheidend beeinflußt werden. Der Regularisierungsparameter C verliert bei Verwendung von RBF-Kernfunktionen an Bedeutung. Seine Eigenschaften können durch entsprechende Wahl der Varianz nachgebildet werden. Entscheidend ist somit die Wahl der Varianz σ^2 der Basisfunktion. Bei zu kleinem σ^2 werden alle Merkmalsvektoren zu Support Vektoren, und das System tendiert zum Auswendiglernen. Wird hingegen σ^2 zu groß gewählt, ist die Generalisierungsleistung des Klassifikators nicht ausreichend. Es gilt nun eine günstige Konstellation zu finden, die möglichst kleine Klassifikationsfehler bei möglichst geringer Anzahl von Support Vektoren bietet.

5.5 Histogramme der Testklassifikationen

Zur genaueren Analyse der Klassifikationsergebnisse wurden Histogramme bezüglich der Klassifikation der Testbeispiele angefertigt. Durch sie wird die Verteilung der Ergebnisse der Entscheidungsfunktion illustriert. Im Fall der komplement Klassifikation ist die Eindeutigkeit der Ergebnisse bestätigt. Die Klassifikatoren reagieren nur auf die Merkmale, auf die sie trainiert wurden.

Klassen	0	1	2	3	4	5	6	7	8	9
0	985	0	2	0	6	0	2	2	3	1
1	2	997	2	2	1	1	0	6	0	2
2	2	0	982	2	0	0	0	0	10	1
3	0	0	4	982	0	4	0	0	1	1
4	0	0	0	0	987	0	1	2	0	5
5	0	0	3	7	0	986	1	0	5	4
6	3	0	0	0	1	2	995	0	0	0
7	1	2	0	1	0	1	0	989	1	3
8	6	0	6	5	0	2	0	0	978	2
9	1	1	1	1	5	4	1	1	2	981

Tabelle 5.6: Konfusionsmatrix eines Testlaufes mit paarweisen Entscheidern für die Ziffern 0 bis 9.
Kernfunktion: RBF mit implizitem Bias.
Testfehler 1.38%, $C = 100$, $\sigma^2 = 2.0$.

Der Abstand der Klassenmenge zur Komplementmenge ist sehr deutlich, und die Entscheidungsfläche sehr breit. Abbildung (5.4) zeigt die Histogramme der Testklassifikation der Klasse 0 gegen den Rest. Wie erwartet ist der Abstand von ähnlichen Ziffern, wie z.Bsp. bei der 8, zur Trennebene geringer als bei anderen nicht so ähnlichen Ziffern. In Abblidung (5.5) zeigt sich die Ähnlichkeit der Ziffer 1 mit der 7. Es ist zu sehen, daß vereinzelt Testbeispiele die der Klasse der 1 zugörig sind als 7 Klassifiziert wurden.

Die paar Klassifikatoren zeigen deutlichere Probleme mit *ähnlichen* Ziffern wie z.B. 6 und 8. Mögliche Verwechslungen sind in Histogramm (5.6) zu sehen. Bei der Präsentation von Mustern der Klasse 6 wird der Klassifikator mit hoher Wahrscheinlichkeit eine falsche Antwort liefern, und die 6 für eine 0 einstufen. Der 0/1-Klassifikator trennt die Testbeispiele der Menge 0 schlecht gegen die 6, und die 1 schlecht gegen die 3. In Abbildung (5.7) ist sehr deutlich eine Ähnlichkeit der 2 zur 3 zu sehen, und Abbildung (5.8) illustriert die Problem die ein 8/9 auf die ganze Testmenge verursacht. Bei diesem Klassifikator ist zu sehen, daß bedingt durch hohe Bedeckung des Testvektors[1] viele Ähnlichkeiten zu anderen Klassen vorhanden sind.

Die Probleme, die durch die starken Ähnlichkeiten mancher Testvektoren zustande kommen, können durch den Einsatz geeigneter Entscheider verringert werden. In den Testläufen hat sich die Mehrheitsentscheidung bewährt.

---

[1] Der Testvektor enthält sehr viele Merkmale anderer Klassen

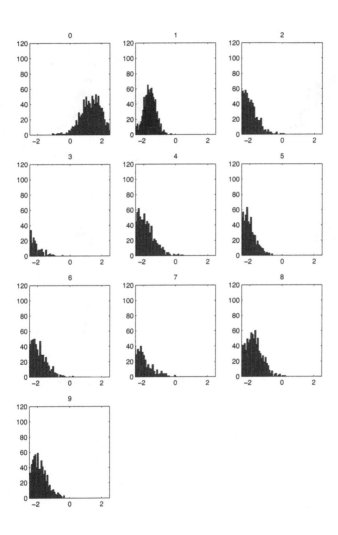

Abbildung 5.4: Histogramm der Klasse 0 gegen das Komplement.

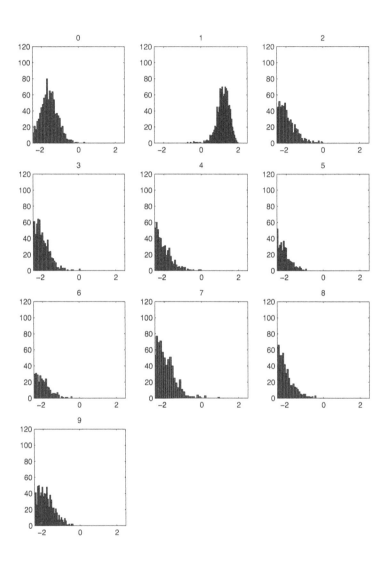

Abbildung 5.5: Histogramm der Klasse 1 gegen das Komplement.

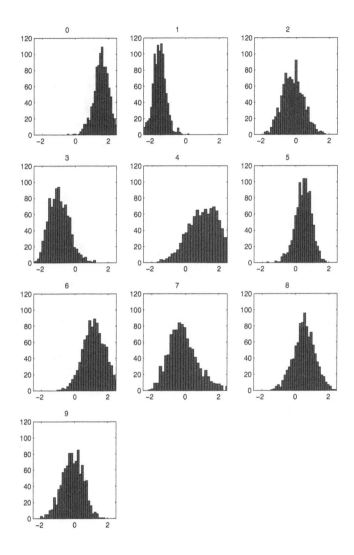

Abbildung 5.6: Histogramme der Klasse 0 (durch positive Werte charakterisiert) gegen die Klasse 1 (durch negative Werte charakterisiert).

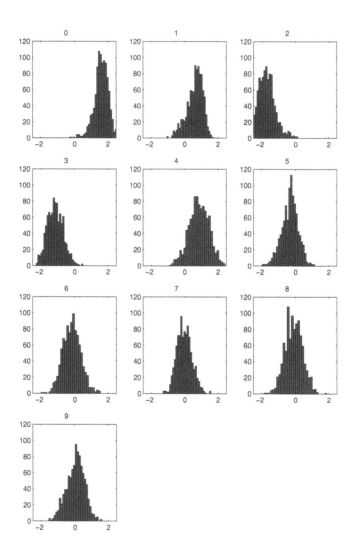

Abbildung 5.7: Histogramme der Klasse 0 (durch positive Werte charakterisiert) gegen die Klasse 2 (durch negative Werte charakterisiert).

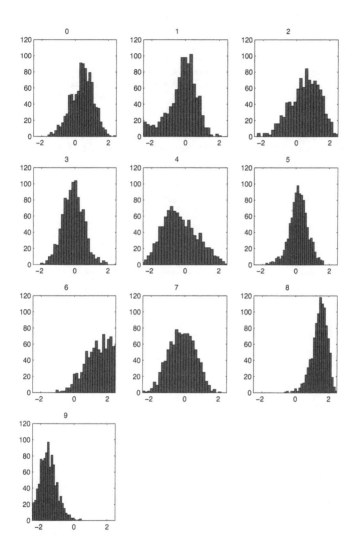

Abbildung 5.8: Histogramme der Klasse 8 (durch positive Werte charakterisiert) gegen die Klasse 9 (durch negative Werte charakterisiert).

5.6   LVQ Prototypenoptimierung

Daß Punkte aus der Trainingsmenge die Aufgabe von Prototypen überneh-
men, ist nicht unbedingt von Vorteil. Wenn die Menge der Trainingsbeispiele
sehr schlecht ist, kann ein gut gewählter Prototyp eine bessere Generalisierungsleistung liefern als ein guter Repräsentant aus der Trainingsmenge. Die
Idee kam auf, wie bei RBF-Netzwerken [SKHP95] durch den LVQ-Algorithmus
Prototypen zu initialisieren, die durch eine Support Vektor Maschine mit RBF-
Kernfunktion weiter optimiert werden sollten. Wie in Tabelle (5.7) zu sehen ist,
war es möglich, bessere Klassifikationsleistungen zu erreichen, als mit reinen
LVQ-Netzen. Die Klassifikationsleistung verbesserte sich aber erst wesentlich
als die Anzahl der Prototypen der Anzahl der errechneten Suppor Vektoren bei
reinen SVM entsprach. Die LVQ-Vorverarbeitung selbst war auf 50000 Adap-
tionszyklen beschränkt, um zu vermeiden, daß die LVQ-Prototypen bereits in
idealer Position lagen. Das Ziel ähnlich gute Testresultate wie bei RBF-Netzen

PCA	#SV	Testfehler	#Prototypen
-	1106	3.71%	600
-	1666	2.64%	1200
+	1119	4.39%	600
+	1704	2.93%	1200
+	2241	2.42%	2000
+	3201	1.82%	4000

Tabelle 5.7: Komplementklassifikatoren mit RBF Kernfunktion und LVQ Vorverarbeitung.

mit LVQ-Prototypen-Initialisierung zu erreichen konnte nicht erreicht werden.

5.7   Vergleichswerte

Dieser Abschnitt soll in einigen Beispielen aufzeigen in welchen Bereichen die
Leistung der hier besprochenen Support Vektor Maschinen eingestuft werden
kann, doch sollte er nicht als eine Art *Benchmark* angesehen werden.

In Tabelle (5.8) sind die Ergebnisse mehrer Klassifikationsläufe aufgeführt.

Die Testläufe durch LVQ-Netze zeigen eine Grenze bei ca. 3%, die auch nicht
durch größere Prototypenanzahl unterschritten werden kann. Ein sehr großer
Vorteil gegenüber Support Vektor Maschinen ist die geringe Anzahl von Prototypen und die geringe Adaptionszeit, die nötig ist diese Ergebnisse zu erhalten.
Der Nachteil von LVQ ist eindeutig der Klassifikationsfehler.

Prototypen	Trainingsfehler	Testfehler
200	1.25%	3.02%
400	0.90%	2.96%
800	0.87%	3.01%

Tabelle 5.8: LVQ-Klassifikation.

Tests mit der in [SKHP95] vorgestellten RBF-Netzarchitektur haben mit 40 Eingabeneuronen, 200 Prototypen und 10 Ausgabeneuronen, ähnliche Ergebnisse wie Support Vektor Maschinen mit RBF-Kernfunktion geliefert. Die besten Ergebnisse die erreicht wurden kamen auf 0.15% Trainingsfehler und 1.30% Testfehler. Vorteile der RBF-Netze sind wiederum die Laufzeit, und die wesentlich geringere Anzahl der Prototypen. Die Anzahl der Prototypen wirkt sich wesentlich auf die Testzeiten aus. Im Vergleich zu SVM muß hier nur in etwa ein Zehntel der Daten untersucht werden.

Der Vollständigkeit halber sei hier nun noch ein Klassifikationsergebnis aufgeführt, das mit einem MLP-Netz durch Error-Backpropagation erreicht wurde. Bei einer Netzarchitektur mit 40 Eingabe- 160 Hidden- und 10 Ausgabeneuronen wurde ein Klassifikationsfehler von 0.46% auf den Trainingsdaten und 2.41% auf den Testdaten erreicht.

Kapitel 6

Zusammenfassung und Ausblick

Die Implementierung einer Multiklassen Support Vektor Maschine zur Mustererkennung hat die Leistungsfähigkeit dieses Modells bestätigt. Hauptgesichtspunkt der Untersuchungen waren Multiklassen Support Vektor Maschinen mit RBF-Kernfunktion. Im Bereich der paarweisen Musterklassifikation wurde durch den Einsatz dieses Modells sehr gute Klasssifikationsergebnisse erreicht. Zur Bearbeitung hochdimensionaler, umfangreicher Datensätze wurde ein Dekompositionsalgorithmus eingesetzt, der durch Bearbeitung kleiner Teilprobleme iterativ die Gesamtlösung errechnet. Die Eignung das Standardpaketes NAG zur Lösung des quadratischen Programms wurde gezeigt. Es ist jedoch relativ schwierig eine geeignete Parameterisierung zu finden, die es erlaubt, numerisch stabile Optimierungsvorgänge zu erhalten. Wichtig ist es, die Freigabe der einzelnen Softwarekomponenten für bestimmte Rechnerarchitekturen zu beachten, da der Optimierer an sich auf vielen Plattformen läuft, jedoch sehr unterschiedliche Ergebnisse liefern kann.

Der Algorithmus von Platt [Pla98] würde eine parallelisierte Lösung des quadratischen Programmes ermöglichen, was der exorbitanten Adaptionszeit der Klassifikatoren entgegenwirken könnte. Zudem würde die Trainingszeit stark sinken, wenn die zu erwartende Anzahl der Support Vektoren spärlich ist. Unklar ist, ob die Annahmen, daß die verwendete RBF-Kernfunktion einen impliziten Bias enthält, gehalten werden kann. Weitere theoretische Betrachtungen des Bias b in Verbindung mit unterschiedlichen Kernfunktionen sind noch nötig, doch sprechen die Testresultate für diese Annahme.

Die erstellten Histogramme lassen vermuten, daß die Klassifikationsleistung der paarweisen Klassifikatoren durch Einbeziehung der Histogramme als a priori Schätzer, weiter verbessert werden kann.

Eine Kombination der Fehlerfunktionen macht es möglich, die binären Support Vektor Maschinen zu *echten* Multiklassen Klassifikatoren zu erweitern [JW98]. Über die Leistungsfähigkeit dieses Ansatzes ist bis dato noch nicht viel bekannt.

Anhang A

Die Implementierung

Die erstellte Implementierung basiert auf der Optimiererseite auf der NAG C
Mark 4 Bibliothek. Zur Optimerung des quadratischen Programms mit der
Funktion e04nfc müssen bestimmte Arrays und Variablen vorbelegt werden.
Der Aufruf des Optimierers geschieht durch:

```
e04nfc(n, nclin, (double *)a, tda, bl, bu, cvec, (double *)h, tdh,

       NULLFN, x, &objf, &options, NAGCOMM_NULL, &fail);
```

mit

- x[n] - double
  Eingabe: Geschätzter Startpunkt.
  Ausgabe: Endpunkt der Optimierung.

- cvec[n] - double
  Eingabe: Linearer Teil des Minimierungsproblem Ausdruck $(3.2) = -1$.

- a[nclin][tda] - double
  Eingabe: Koeffizienten der Nebenbedingung, entspricht dem Klassenlabel
  $y_i \in \{-1, 1\}$.

- h[n][tdh] - double
  Eingabe: Quadratischer Teil des Minimierungsproblem Ausdruck(3.2)
  $y_i y_j k(\mathbf{z}_i, \mathbf{z}_j)$.

- bl[n+nclin] - double
  Eingabe: Untere Schranke des Optimierungsproblems + Schranke der Nebenbedingung.

- bu[n+nclin] - double
  Eingabe: Obere Schranke des Optimierungsproblems + Schranke der Nebenbedingung.

61

- `objf` - double
  Ausgabe: Wert der Zielfunktion.

- `tda` - Integer
  Eingabe: Die zweite Dimension der Nebenbedingung (falls nclin = 1, dann tda = n).

- `tdh` - Integer
  Eingabe: Zweite Dimension der quadratischen Matrix (bei SVM tdh = h).

- `n` - Integer
  Eingabe: Anzahl der Variablen.

- `nclin` - Integer
  Eingabe: Anzahl der linearen Nebenbedingungen.

Zusätzlich zu diesen notwendigen Variablenbelegungen stellt das Optimierungs-paket eine Optionsstruktur zur Verfügung, die es erlaubt das Verhalten des Optimierers stark zu beeinflußen. Der folgende Parametersatz hat sich bei den durchgeführten Experimenten bewährt:

```
options.inf_bound = 1.0e21;

options.max_iter  = 10 * (n + nclin);

options.fmax_iter = 10 * (n + nclin);

options.ftol      = 0.0000000001;

fail.print = TRUE;

print = TRUE;
```

A.1   Dateiformate

Die Ein- und Ausgabedateien verwenden das Format des LVQ-Paketes (das Paket ist unter cochlea.hut.fi/pub/lvq-pak mit anonymous ftp erhältlich).

A.1.1   Eingabedateien

Trainingsdatei `<Name>.dat`:
`<dimension n>` Kommentar
$a_1\ a_2\ \ldots\ a_n$ `<Label>`
:
:
$z_1\ z_2\ \ldots\ z_n$ `<Label>`

Testdatei <Name>.dat:

```
<dimension n> Kommentar
```
$a_1\ a_2\ \ldots\ a_n$
:
:
$z_1\ z_2\ \ldots\ z_n$

Die Klassenlabel in der Labeldatei sind nach ihrer absoluten Häufigkeit in der Trainingsdatei sortiert.
Labeldatei <Name>.labs:
```
<Label1>
:
<Label2>
```

A.1.2 Ausgabedateien

Die Namensgebung der Ausgabedateien bezieht sich auf die Klassennamen. Für Dateien aus der Komplementklassifikation werden die Dateien mit <Klassenname>.* bezeichnet, für Paarklassifikation mit <Klasse1_Klasse2>.*:
Koeffizientendatei <KlassenabhängigerName>.koef:

```
<dimension n> Kommentar
```
λ_1
:
:
λ_1

Support Vektor Datei <Klassenabh.Name>.sv:

```
<dimension n> Kommentar
```
$a_1\ a_2\ \ldots\ a_n$
:
:
$z_1\ z_2\ \ldots\ z_n$

A.2   Das Programmpaket

Die Multiklassen Support Vektor Maschine besteht aus mehreren Einzelprogrammen, die die Vorverarbeitung, die Klassenaufteilung und die Optimierung

durchführen. Teile des LVQ-Paketes wurden mitverwendet. Die aufgeführte Reihenfolge entspricht dem Ablaufscheme bei einem Testlauf.

- **MultiTest:**
  Beispiel einer Testumgebung. Dieses Programm steuert die Aufrufe der
  folgenden Teile der Gesamtarchitektur.

    ```
    Trainingsdatei (ohne Endung)
    Testdatei     (ohne Endung)
    ```

- **zTransform:**
  z-Transformation der übergebenen Daten.

    ```
    -cin Dateiname    Eingabedatei
    -cout Dateiname   Ausgabedatei
    ```

- **labs:**
  Extrahiert die Labelinformationen aus einer Datei.

    ```
    -cin  Dateiname    Name der Trainingsdatei
    -cout Dateiname    Name der Labeldatei
    ```

- **twoclass:**
  Extrahierung zweier Klassen aus der Gesamtdatenmenge.

    ```
    -din  Dateiname    Trainingsdatei
    -cout Dateiname    Ausgabedatei
    -lab0 String       Label der ersten Klasse
    -lab1 String       Label der zweiten Klasse
    ```

- **compl:**
  Extrahierung einer Klasse und ihrer Komplementmenge.

    ```
    -din Dateiname    Trainingsdatei
    -cout Dateiname   Ausgabedatei
    -class            Klassenlabel, das extrahiert werden soll
    -rand             Seed des Zufallsgenerators
    -add              Verhältnis Klasse zu Komplement
    -full             Nehme Gesamtmenge
    ```

- **NewLabel:**
  Ersetzt angegebene Klassenlabel durch das von **optimize** erwartete *Superlabel.*

-cin	Dateiname	Trainingsdatei
-old	String	Alter Labelname
-new	String	Neuer Labelname

- **optimize:**
  Stellt das Lernmodul einer Zweiklassen Support Vektor Maschinen zur Verfügung.

-cin Dateiname		Name der Trainingsdatei
-gamma gamma		Steuerparameter C > 0
-kernel	0	RBF
	1	MLP
	2	LIN
	3	POLY
-para		Parameter der Kernfunktion
-chunk		Chunking einschalten ,
-s X		mit der Größe X

- **multi_class:**
  Framework zum Erstellen einer Multiklassen Support Vektor Maschine. Dieses Programm teilt das Gesamtproblem in mehrere Zweiklassenprobleme auf, welche dann mit **optimize** trainiert werden.

-din Filename		Name der Trainingsdatei
-labs Filename		Name der Labeldatei
-mode	compl	Komplement Klassifikation
	pairs	Paarweise Klassifikation
-kernel		Kernfunktionstyp: 0 RBF
		1 MLP
		2 LIN
		3 POLY
-gamma		Obere Schranke für Schlupfvariablen > 0
-para		sigma^2 für RBF Kernfunktion

- **MultiClassClassify:**
  Macht auf jedem Klassifikator die Klassifikation.

```
-din   Dateiname   Name der Testdatei
-labs  Dateiname   Name der Labeldatei
-mode  compl       Komplement Klassifikation
       pairs       Paarweise Klassifikation
-kernel    0       RBF
           1       MLP
           2       LIN
           3       POLY
```

- **SVMClassify:**
  Klassifikationstest auf zweiklassen Support Vektor Maschinen.

```
-din   Dateiname      Name Testdatei
-cin   Dateiname      Support Vektor Datei
-sig   Dateiname      Parameter Datei
-wght  Dateiname      Koeffizienzen Datei
-kernel    0          RBF
           1          MLP
           2          LIN
           3          POLY
```

- **multi_decider:**
  Entscheidet welcher Klassifikator mit größter Wahrscheinlichkeit für ein Testbeispiel zuständig ist.

```
-din   Dateiname   Name Testdatei
-labs  Dateiname   Name Labelsdatei
-nin   Dateiname   Name Netzausgabedatei
-mode
       compl       Modus Komplementklassifikation
       pairs       paarweise Klassifikation
-dec   [0..2]      Modi für paarweise Klassifikation
       0           Maximum Argument
       1           Histogramm Entscheider
       2           Gewichteter Histogramm Entscheider
```

Literaturverzeichnis

[Bis95]   Christopher M. Bishop. *Neural Networks for Pattern Recognition.*
            Clarendon Press, Oxford, 1995.

[BS95]   I.N. Bronstein and K.A. Semendjajew. *Teubner-Taschenbuch der
            Mathematik Teil II.* B. G. Teubner Stuttgart Leipzig, 1995.

[Bur98]   Christopher J.C. Burges. *Advances in Kernel Methods - Support
            Vector Learning*, chapter 1: Geometry and Invariance in Kernel Ba-
            sed Methods. MIT Press, 1998.

[CV95]   Corinna Cortes and Vladimir Vapnik. Support-vector networks. *Ma-
            chine Learning*, 20:273–297, 1995.

[Gir97]   Federico Girosi. An equivalence between sparse approximation and
            support vector machines a.i.memo no. 1606. Technical report, MIT
            Artificial Intelligence Laboratory, 1997.

[Hay94]   Simon Haykin. *Neural Networks, A Comprehensive Foundation.*
            Prentice-Hall International, 1994.

[JW98]   C. Watkins J. Weston. Multi-class support vector machines. Tech-
            nical report, Royal Holloway, University of London, 1998.

[Koh97]   Teuvo Kohonen. *Self-Organizing Maps.* Springer, 1997.

[MD89]   J. Moody and C.J. Darken. Fast learning in networks of locally-
            tuned processing units. *Neural Computation*, 1(2):281–294, 1989.

[MP69]   M. Minsky and S. Papert. *Perceptrons: An Introduction to Compu-
            tational Geometry.* MIT Press, Cambridge, 1969.

[OFG97]   Edgar Osuna, Robert Freund, and Federico Girosi. An improved
            training algorithm for support vector machines. In *Proceedings of
            IEEE NNSP '97*, Amelia Islanf, FL, 24-26 September 1997. IEEE.

[Pla98]   John C. Platt. *Fast Training of Support Vector Machines using
            Sequential Minimal Optimization*, chapter 12: Geometry and Inva-
            riance in Kernel Based Methods. MIT Press, 1998.

[Rip96]   B. D. Ripley. *Pattern Recognition And Neural Networks*. Cambridge University Press, 1996.

[Roj91]   Raúl Rojas. *Theorie der neuronalen Netze*. Springer, 1991.

[Ros58]   F. Rosenblatt. The perceptron a probabilistic model for information storage and organization in the brain. In *Psychological Review Vol. 65*. Anderson und Rosenfeld (Nachdruck 1988), 1958.

[SBV96]   Bernhard Schölkopf, Chris Burges, and Vladimir Vapnik. Extracting support data for a given task. Technical report, AT & T Bell Laboratories, 1996.

[Sch96]   Jürgen Schürmann. *Pattern Classification, A Unified View Of Statistical and Neural Approaches*. John Wiley & Sons, Inc., 1996.

[Sch97]   Bernhard Schölkopf. *Support Vector Learning*. PhD thesis, TU Berlin, September 1997.

[SKHP95] F. Schwenker, H.A. Kestler, M. Höher, and G. Palm. Klassifikation hochverstärkter EKG Signale durch RBF Netzwerke. In Kummert Sagerer, Posch, editor, *Mustererkennung 1995*. GI, Springer, 1995.

[Vap82]   Vladimir N. Vapnik. *Inductive principles of statistics and learning theory*. Springer, 1982.

[Vap95]   Vladimir N. Vapnik. *The Nature Of Statistical Learning Theorie*. Springer, 1995.

[Vap98]   Vladimir N. Vapnik. *Statistical Learning Theorie*. John Wiley & Sons, Inc., 1998.